名师名校名校长

凝聚名师共识
回应名师关怀
打造名师品牌
培育名师群体

程晓远题

基于游戏视角下的幼儿教师教育理论的研究与应用

白桂云 李爱珍 主编

中国出版集团 现代出版社

图书在版编目（CIP）数据

基于游戏视角下的幼儿教师教育理论的研究与应用 /
白桂云，李爱珍主编. — 北京：现代出版社，2022.11

ISBN 978-7-5231-0035-6

Ⅰ . ①基… Ⅱ . ①白… ②李… Ⅲ . ①游戏课—学前
教育—教学参考资料 Ⅳ . ①G613.7

中国版本图书馆CIP数据核字（2022）第235998号

基于游戏视角下的幼儿教师教育理论的研究与应用

作　　者	白桂云　李爱珍	
责任编辑	张红红	
出版发行	现代出版社	
地　　址	北京市安定门外安华里504号	
邮政编码	100011	
电　　话	010-64267325　64245264	
网　　址	www.1980xd.com	
印　　制	北京政采印刷服务有限公司	
开　　本	710mm×1000mm　1/16	
印　　张	10.75	
字　　数	172千字	
版　　次	2022年11月第1版　2022年11月第1次印刷	
书　　号	ISBN 978-7-5231-0035-6	
定　　价	58.00元	

编　委　会

目录
CONTENTS

课题研究篇

游 戏 篇

教师成长篇

课题研究篇

白桂云老师带领工作室成员站在新起点，担当社会责任，领航山东省滨州市学前教育高质量发展。犹如落入池塘的雨滴荡起层层涟漪，在教育的过程中，冲破按图索骥，叩问自己，向内寻找，依托游戏故事，开展游戏观察策略研究。不尚虚谈，多务实功，寻得工作好思路，获得实践好工具，赢得精神伊甸园。

借助"游戏故事"提高教师观察能力的
实践研究

山东省博兴县第三小学附属幼儿园　白桂云

一、选题的依据

（1）《幼儿园教师专业标准（试行）》涉及游戏观察方面对教师的要求，从专业理念层面提出：重视环境和游戏对幼儿发展的独特作用，创设富有教育意义的环境氛围，将游戏作为幼儿的主要活动；重视丰富幼儿多方面的直接经验，将探索、交往等实践活动作为幼儿最重要的学习方式。从专业知识层面提出：掌握观察、谈话、记录等了解幼儿的基本方法和教育心理学的基本原理与方法。从专业能力层面提出：提供符合幼儿兴趣需要、年龄特点和发展目标的游戏条件；充分利用与合理设计游戏活动空间，提供丰富、适宜的游戏材料，支持、引发和促进幼儿的游戏；鼓励幼儿自主选择游戏内容、伙伴和材料，支持幼儿主动地、创造性地开展游戏，充分体验游戏的快乐和满足；引导幼儿在游戏活动中获得身体、认知、语言和社会性等多方面的发展；在教育活动中观察幼儿，根据幼儿的表现和需要，调整活动，给予适宜的指导。从以上内容中可见教师游戏观察的专业必行性和承载性。

（2）《幼儿园工作规程》提出：幼儿园应当将游戏作为对幼儿进行全面发展教育的重要形式；幼儿园应当因地制宜地创设游戏条件，提供丰富、适宜的游戏材料，保证充足的游戏时间，开展多种游戏；幼儿园应当根据幼儿的年龄特点指导游戏，鼓励与支持幼儿根据自身兴趣、需要和经验水平，自主选择游戏内容、游戏材料和伙伴，使幼儿在游戏过程中获得积极的情绪情感，促进幼儿能力和个性的全面发展。其中的三个"应当"对教师的游戏观察实施规定了明确方向和要求。

（3）《蒙台梭利幼儿教育科学方法》中提到，观察是教师应具有的必备素质。蒙台梭利指出："幼儿园教师应是一位观察者，他必须以科学家的精神，运用科学的方法去观察和研究儿童，揭示儿童的内心世界，发现童年的秘密。"

（4）让-雅克·卢梭倡导要观察儿童，在《一个孤独的散步者的梦》中，卢梭提出："如果我对人的心灵的了解有某种程度的进步的话，这进一步的了解，应当归功于我在观察和研究孩子们在玩耍时的快乐心情。……我发现，我在观察他们玩耍时，我的心灵在研究天性的原始的和真正的运动方面所取得的知识，就足以弥补我的损失。恰恰是对于人的天性，我们所有的学者都是一无所知的。我在我的几部著作中对我在这方面的研究是讲得那么详细……"

卢梭倡导教师要研究儿童，在《爱弥尔》中提道："可以从你们的学生开始进行研究，因为你对他们是完全不了解的，我相信这种做法对你会有益处。"卢梭的教育思想中处处闪现观察儿童、研究儿童的思想和观点。

在齐鲁名师培养期间，笔者选择了"以《3—6岁儿童学习与发展指南》为依据提高教师观察能力的研究"这一课题，带领教师们进行了一系列的研究，积累了一定的研究经验，同时发现教师的观察能力是教育活动、游戏活动有效实施的基础。在原来研究的基础上，结合博兴县和我园的实际特点，将研究的点继续缩小，借助"游戏故事"的撰写提高观察、指导、解读幼儿游戏行为的能力，从而更好地促进幼儿园教师观察能力的提高。

二、课题研究的意义

（一）理论意义

本课题研究的意义主要有两个方面：其一，借助"游戏故事"这种观察记录儿童游戏行为的方法，提高教师观察、解读、分析幼儿游戏行为的能力，总结提炼借助"游戏故事"提高教师观察能力的做法和经验，形成典型案例，并从实践上升到理论，推广运用；其二，提供一种促进幼儿教师专业发展的独特方式，借助"游戏故事"记录，提高教师的观察能力，进而实现教师的专业成长。这一思路本身具有一定的创造性，可以进一步拓展幼儿教师专业成长研究的途径和方法。

（二）实践意义

本课题研究在关注理论意义的同时，更关注研究的实践意义：其一，有助于改变教师的儿童观和评价观，"游戏故事"可以通过教师最熟悉的故事要素（时间、地点、人物、事件），帮助教师去观察游戏中的儿童，记录儿童的游戏过程，了解儿童在游戏中的想法、需要，从而反思自己的教育实践，给予儿童支持，提高教师观察、解读、研究幼儿的实践能力，改变教师的儿童观和评价观。其二，有助于提高教师的观察能力，引导教师更为科学地去观察。其三，有助于教师更好地反思自己的行为，改善教育行为，认识到游戏对儿童发展的作用，改变其教育观，促进幼儿教育的高质量发展。

三、核心概念界定

（一）游戏故事

游戏故事是用故事叙述的方式，在儿童真实的游戏情景中完成的结构性观察、记录和分析。它能提供一种反映儿童在游戏中的情况（特别是变化、发展）的持续性画面，能用来帮助教师关注儿童的游戏过程、解读儿童的游戏行为、支持儿童的游戏发展。

（二）观察

观察是指有目的、有计划、比较持久的知觉，是知觉的高级形式。观察离不开思维，有人把观察称为"思维着的知觉"。

（三）教师观察

教师观察是指教师在一个意义单元内收集有意义的信息的过程，本文中的教师观察是指教师观察、记录、分析和结论四个过程的统一。

（四）教师观察能力

教师观察能力是指教师对周围事物主要是对教育对象由外表到内心的认识能力。

四、课题研究文献综述

（一）关于"游戏故事"的研究综述

"游戏故事"是我国学者借鉴"学习故事"提出的一个概念，笔者曾在知网以"游戏故事"为主题进行文献检索，搜索到的与幼儿园游戏故事相关的研究共6条，但都是研究游戏故事与幼儿发展相关内容的，学术界关于"游戏故事"的理论研究尚少。大多数是一线工作者关于幼儿园游戏故事实施的实践反思。经过对收集到的材料进行梳理，从以下两个方面对近年来的研究内容进行综述：一是"游戏故事"的定义，包括实践工作者在幼儿园教学过程中的发展延伸。二是"游戏故事"的表现形式。

1. "游戏故事"的定义

北京师范大学刘炎教授指出："游戏是幼儿自己编写叙说的故事，故事的内容是幼儿的生活经验、兴趣各愿望的反映。"山东女子学院董旭花教授（2015）认为，"游戏故事"是教师对幼儿游戏行为的观察记录，教师在游戏过程中观察、解读幼儿，在游戏后组织幼儿分享交流，以更好地支持幼儿深入的游戏行为。山东青岛滨海学院教育学部王满霞（2018）在研究安吉游戏课程时提出，"游戏故事"是从游戏开始到结束，整个过程中，幼儿以自己游戏的主题、内容、情景、体验等为内容所绘制的绘画作品及其所蕴含的故事与学习经验。

综上所述，"游戏故事"实际上是以图文形式对儿童的游戏行为进行的记录，是对幼儿自主游戏行为的一种评价方式。幼儿自己是"游戏故事"的操作者、实施者，他们的游戏行为和生活经验就是"游戏故事"的源头及归宿。南京师范大学虞永平教授曾经提出，课程游戏化理念的核心是关注儿童的兴趣需要，注重儿童发展的规律及特点，让幼儿课程更具游戏精神，更生动、有趣、有效。所以，笔者认为，"游戏故事"实际上是"课程游戏化"理念与"学习故事"的相互渗透和融合。"游戏故事"的实施形式包含了现代学前教育课程改革的新方向，也是对游戏课程的一种积极探索。

2. "游戏故事"的表现形式

幼儿园所实践的"游戏故事"主要有三种形式：一是"游戏故事"作为教师的观察记录，是教师对幼儿自主游戏行为的一种评价方式；二是幼儿口述自己的游戏行为，教师代为记录的形式；三是幼儿以绘画的形式记录他们的游戏行为，并与同伴、教师交流分享的形式。

本课题研究倾向于第一种，即教师对幼儿游戏行为的观察记录、分析解读、反思与支持。

（二）关于"教师观察"的研究综述

笔者在知网中以"幼儿教师观察能力"为检索条件，在近10年的研究中共得到34条结果，其中期刊论文22条，硕博论文12条，能够感受到随着学前教育改革的不断深入，研究者正逐步重视提升幼儿教师的观察能力，但总体而言，目前关于幼儿园教师观察能力的研究较为零碎。具体如下。

1. 幼儿教师观察能力与其专业发展关系的研究

从目前已有的关于幼儿教师专业发展的研究来看，幼儿教师观察能力与幼儿教师专业发展有着必然的联系。一方面，幼儿教师观察能力是其专业发展的重要组成部分，玛利娅·蒙台梭利曾提到，教师不是通过内容而是通过方法来为自己做准备。这表明教师的专业化不在于专业知识的学习，而在于专业技能的获得，其中最基本的技能就是教师的观察能力。北京师范大学教授庞丽娟认为幼儿教师的专业发展素质包括六个方面，其中全面、正确地了解儿童发展的能力和有效地选择、组织教育内容的能力与幼儿教师的观察能力息息相关。另一方面，提升教师的观察能力有助于教师专业素质的提高。广东第二师范学院谈心博士提出，观察幼儿可以帮助幼儿教师更充分地了解幼儿的发展水平和个体差异性，进而提高教育活动的有效性。另外，观察幼儿可以使幼儿教师获得幼儿教育的实践知识，优化自身的知识结构，促进自身的教学反思。总之，观察幼儿是新手教师成长为专家型教师的必经之路。福建泉州幼儿师范高等专科学校教育学院庄爱平教授也提出观察记录对促进幼儿教师专业成长方面具有独特作用，教师应善于运用观察记录进行反思，并调整自己的教学行为以促进自身专业发展，但是在具体的教育实践中，幼儿教师遇到很多困难。

2. 对幼儿教师观察能力发展特点的研究

在现有的关于教师观察能力的研究中主要将教师观察能力发展特点总结为以下几点：第一，教师的观察能力目的性不够明确，主要表现为教师不能根据观察需要和观察内容确定观察目标；第二，观察缺乏持久性，表现为教师仅凭一次观察就对幼儿进行判断，且很少对幼儿进行跟踪观察；第三，教师观察的细致性不足，主要表现为大部分教师不能详细记录幼儿活动的过程和结果，记录中也很少涉及关于幼儿发展水平和个体特征的细节。河北廊坊市第一幼儿园的董瑞敏老师认为这与教师的教育经验有关，有教育经验的教师更能够注意观察幼儿的细节。

3. 关于幼儿教师观察能力的现状及其影响因素的研究

目前关于幼儿教师观察能力现状的研究比较多，且观点表现出一致性，观察能力中存在的问题大部分集中于观察记录中。谈心提出当前幼儿教师缺失观察意识和观察能力，而且部分幼儿教师不能有效运用观察策略谈心。从职前教育的层面对影响因素进行了分析，主要有实习时间和内容的不合理、不科学；学前专业课程设置存在重艺术技能轻教育技能的倾向；学前专业课程师资建设中的缺失。由此可见，教师进行幼儿行为观察时出现的问题是多方面的。例如，观察幼儿的认识不足，观察意识缺乏；虽具备观察意识，但落实观察计划的行动力不足；在运用观察方法的能力上，多数幼儿教师只会单一的观察方法，切实性差，虽然能保证观察记录的完整性和真实性，但在运用观察记录时，教师的专业性不足，分析记录的能力也不足。

4. 关于提升幼儿教师观察能力的研究

根据对相关文献的分析，笔者总结出目前关于改进幼儿教师观察策略，提升幼儿教师观察能力的研究，主要从两个方面进行阐述。一是幼儿教师要端正观察态度，加强学习，熟练掌握观察策略。例如，王钰提出在观察和记录幼儿的行为时，教师要用欣赏和宽容的心态，在分析幼儿行为时，要持客观和研究的态度，学会客观地看问题。湖北省武汉市汉阳区的刘秀华老师针对幼儿园教师观察记录中存在的问题提出改进策略：正确把握观察记录的重点；学会正确、科学地运用观察方法；学习理论知识，从中获取科学支撑。二是对幼儿教师进行观察能力的培训，这里的培训包括职前培训和职后培训。东北师范大学的陈婷在其硕士论文《幼儿园教育活动中教师观察行为的研究》中提出要从四个方面改进幼儿教师的观察行为：一是通过培训，提高教师观察技能；二是教师要选取合适的观察角度，获取有价值的信息；三是教师要优化观察记录方式，提高记录的准确性；四是教师要明确观察记录的基本方式，确保记录与评价的客观性。

综上所述，以幼儿教师为主体进行的观察研究并不是很系统和完整的，主要表现在，虽然观察作为评价幼儿的工具得到广泛认可，但是幼儿教师对观察法的实际操作运用仍存在问题，且没有把观察作为改进教学的工具。另外，针对观察中存在的具体问题提出的改进建议多是从改进观察记录的方式角度提出的，对教师观察行为的转变没有直接的帮助。

五、课题研究的目标与内容

（一）研究目标

（1）通过课题研究，帮助教师获得有关幼儿发展与教育的实践知识，优化自身的知识结构，促进自身的教学反思，提高教师的观察能力，形成教师自我反思的路径和基本框架。

（2）借助"游戏故事"记录幼儿游戏的过程，学会观察并走进儿童的内心世界，了解儿童发展的差异性，改善评价幼儿的方式，明确借用"游戏故事"评价幼儿发展的基本模式。

（二）研究内容

1. 本课题的研究对象和主体

（1）研究对象：研究者所在幼儿园的教师的观察行为、撰写的游戏故事及观察能力的发展。

（2）研究主体：本课题组的成员以及她们选择的同伴教师。

2. 本课题的研究内容

（1）记录游戏故事的基本框架。通过研究如何记录游戏故事，让教师明确如何确定观察方案，研究记录游戏故事的基本框架，提高教师的观察能力。

（2）借用游戏故事进行反思的基本路径。通过对游戏故事的文本分析，明确通过游戏故事反映出来的教师存在的问题，找到解决问题的方法，让教师明确如何根据观察记录到的内容进行自我反思，逐渐明确并形成反思的基本路径。

（3）解读游戏故事的基本模式。研究解读幼儿游戏故事的基本模式，提高教师分析解读幼儿行为的能力，让教师在运用观察材料的过程中更加了解幼儿的年龄特点和个体差异，并能根据幼儿的不同特点实施适宜的教育，提供适宜的帮助，提高教师设计和指导幼儿活动的能力。

（4）明确运用游戏故事提高教师观察能力的成效。

3. 本课题研究的重难点

（1）重点：如何进行观察并有效记录幼儿的游戏故事。

（2）难点：如何检测借用游戏故事提高教师观察能力的成效。

六、课题研究的方法与技术路线

（一）课题研究的方法

1. 文献法

通过文献、网络、杂志等多种信息媒介收集、了解国内和本课题相关研究的研究现状，从中找到与本课题相关的研究成果并予以梳理，在梳理的过程中厘清本课题研究的基本思路。

2. 问卷法、访谈法

通过给教师发放调查问卷和进行访谈，调查教师对游戏故事撰写的兴趣，发现教师对观察能力的认识，寻找到本课题研究的起点。

3. 观察法和记录法

在组织幼儿游戏的过程中，进行有计划、有效的观察，并积极撰写游戏故事，和自己的同伴教师或参与研究的所有教师进行研讨，不断反思总结，寻找到观察和记录游戏故事的基本路径，提出改进和完善方案，并进一步实践。

4. 文本分析法

对一些典型的"游戏故事"文本进行不断剖析，形成记录游戏故事的基本框架、借用游戏故事进行反思的基本路径和解读游戏故事的基本模式。

5. 行动研究法

通过查找文献、游戏观察、教师访谈、文本分析等，找准研究的最佳入口和有效途径，在实践中不断提高教师的观察能力。主要措施如下。

（1）通过腾讯会议、QQ群、微信群等定期进行交流研讨。

（2）通过文献学习、游戏观察、教师访谈、案例分析等，进行有效提高教师观察能力的实践研究，并定期进行反思和总结，不断对获得的材料进行整理、加工、储备、改进、实践、再反思。

（3）围绕对幼儿游戏的观察和对游戏故事的撰写，积极开展研究，不断修正和完善研究成果。

本课题研究的具体方法如下表所示。

研究阶段	课题准备阶段	课题实施阶段	总结整理阶段
主要研究方法	访谈法 问卷调查法 文献法	观察法 记录法 文本分析法	文本分析法 访谈法

（二）课题研究的技术路线

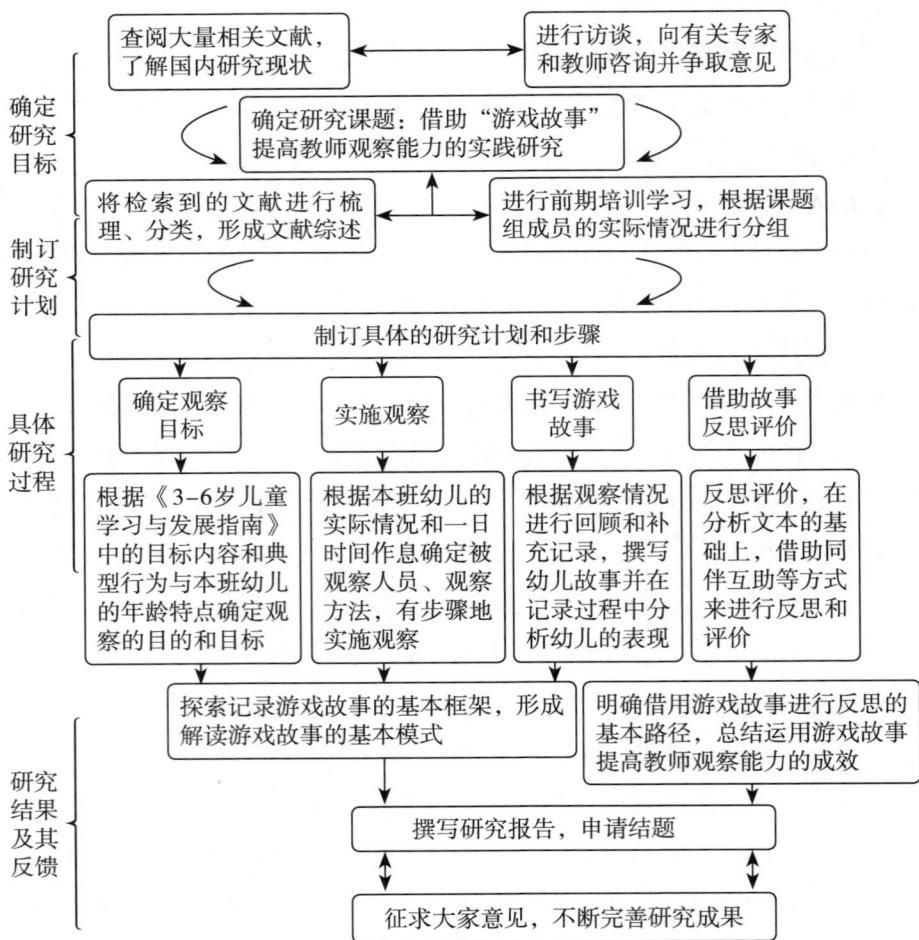

（三）课题研究的进度

本课题研究进度为两年，具体分为以下三个阶段。

1. 准备阶段

第一步：课题的申请和初次论证。

（1）组织课题组成员进行文献学习和课题论证，提交课题申请。

（2）成立课题组，建立学习共同体。

第二步：确定成立课题研究小组，完成课题组成员的组织和具体分工。

（1）召开课题开题报告会，明确课题研究的意义、目标、内容和具体的分工。

（2）进行文献学习和整理。

（3）组织相关人员编制课题研究计划实施的配档表，保证研究的顺利进行。

2. 实施阶段

第一步：聚焦问题，寻找方法。

（1）组织各级教师的访谈和问卷调查，征集教师们的困惑，聚焦真问题。

（2）对教师们提出的问题进行分析，提炼借用"游戏故事"进行观察记录的步骤和方法。

第二步：探寻路径，形成框架。

（1）组织教师围绕幼儿的游戏进行观察，并对如何撰写"游戏故事"进行研讨，进一步明确撰写"游戏故事"的基本框架。

（2）对教师们提供的"游戏故事"进行案例研究和文本分析，探寻通过观察和记录游戏故事引领教师进行自我反思，逐渐明确并形成反思的基本路径。

第三步：总结提炼，不断提高。

（1）总结提炼"游戏故事"促进教师观察能力提高的成效。

（2）组织教师们积极撰写游戏故事案例和研究论文。

（3）形成中期研究报告。

3. 总结整理阶段

（1）汇编教师撰写的游戏故事。

（2）汇编教师在研究过程中的成长故事。

（3）撰写课题研究报告。

（4）撰写课题研究工作报告。

（5）申请结题。

参考文献

一、专著类

［1］沃伦·R.本森特.观察儿童：儿童行为观察记录与指南［M］.于开莲，王银玲，译.北京：人民教育出版社，2009.

［2］Carole Sharman.观察儿童：实践操作指南［M］.单敏月，王晓平，译.上海：华东师范大学出版社，2008.

［3］Gary D-Borich.教师观察力的培养——通向高效率教学之路［M］.么加利，张立新，译.北京：北京师范大学出版社，2008.

［4］里德尔·利奇.观察：走进儿童的世界［M］.潘月娟，王艳云，译.北京：北京师范大学出版社，2020.

二、期刊类

［1］王艳云.问题引领：提高教师观察能力的有效方法［J］.幼儿教育，2008（9）：3.

［2］张咏.如何提高教师观察记录的实效性［J］.教育导刊（幼儿教育），2003（8）：25-28.

［3］蒋赟.谈建构游戏中的潜心观察与有效指导［J］.好家长，2015（33）：1.

［4］龚靖靖.让观察更有效——以"小小消防员"为例谈幼儿自主游戏中的观察策略［J］.新课程学习（下），2014（2）：1.

［5］华爱华.教师在积木游戏中的观察与指导［J］.幼儿教育（教育教学），2014（5）：4.

［6］戴仙仙.游戏故事助推教师游戏力的策略研究［J］.儿童与健康，2017（12）：3-5.

［7］王满霞，丁海东.安吉游戏故事课程实践及其课程价值［J］.早期教育（教育教学版），2018（4）：15.

［8］虞永平.幼儿园课程游戏化项目的基本要求［J］.早期教育（教育教学

版）2018（4）：4-7.

［9］周琼瑶.从游戏故事中发现儿童——由"幸福巴士""水果巴士"的改造引发的思考［J］.商情，2017（32）：194.

［10］刘秀华.教育观察笔记的现状及改进对策［J］.武汉市教育科学研究院学报，2016（8）：3.

三、学位论文类

［1］浦月娟.提升幼儿教师在角色游戏中观察力的行动研究［D］.上海：上海师范大学，2015.

［2］王菁.运用"学习故事"促进幼儿教师观察能力提升的研究［D］.上海：华东师范大学，2016.

［3］陈婷.幼儿园教育活动中教师观察行为的研究［D］.长春：东北师范大学，2013.

游戏篇

细读教师们撰写的游戏故事，发现它们恰好契合了教育的出发点和归宿，做到了和孩子一起生活、带孩子一起游戏、与孩子心灵对话。送给孩子的沙水游戏、建构游戏、表演游戏、攀爬游戏、社会游戏，犹如阳光照射下的块块巧克力溶化成的甘饴。透过这些游戏，明白了孩子自主游戏情怀的行为分析；看到了孩子自然与社会合璧的身心发展；演绎了一花一世界的教师支持；反映了用心呵护生命的价值思考。

乐发现　趣探究

　　百趣汇智，探究为证。孩子们的自主探究游戏是有信念的。细看吕玲、贾卫卫、王婧、吕玲、曹晓芳、王婷婷、许元元、曹怀香、王修萍老师的"我和落叶的故事""硬币存水""寻'坡'记""快乐捉虫记""小小工匠与万能工匠""用它来创造世界吧""圆柱体的滚动""探秘陀螺""妙趣横生戏童年"等游戏故事，让我们品出了以趣为媒、以乐润心、以深探知、以专置信的游戏味道。孩子们在这些自主探究的游戏中，找到了获取成长智慧、推动自我发展的一种信念。

我和落叶的故事（中班）

山东省博兴县第一小学附属幼儿园　吕　玲

一、游戏背景

儿童有着与生俱来的好奇心和探究欲望。好奇、好问、爱探索是幼儿的年龄特点。大自然和生活中真实的事物与现象是幼儿科学探究的生动内容。身边的花草树木，随时都可能引发孩子们极大的兴趣，从而使其产生强烈的好奇心和探究欲望。下面就是一片掉在头上的落叶引发的孩子和落叶的故事。

二、游戏记录

场景一：发现落叶

离园前，我组织孩子们在幼儿园的院子里站队，忽然，明泽一只手高举着一片法桐树叶大声对我说："老师，一片树叶落到了我的头上！"我微笑着说："哦，这片树叶可能想和你做朋友呢！"这时，梓贺用手指着旁边的一棵法桐树说："老师，是从这棵法桐树上掉下来的！"馨玥也着急地说："老师，树叶黄了就会落下来的！"嫒予用手指地上的落叶说："它们是被风吹下来的。""你们知道的还真不少！"我夸赞他们。彦润指着教学楼墙

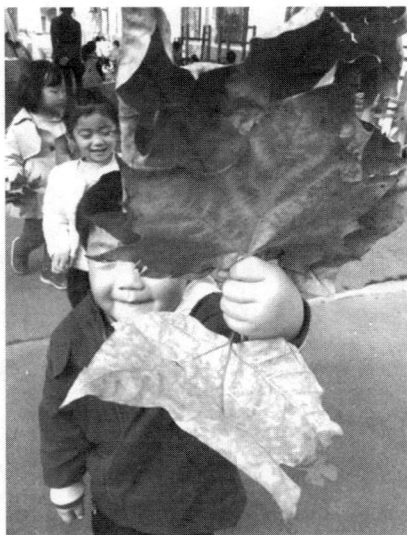

边大声说："你们看，那边还有许多树叶呢！"顺着他手指的方向，我看到地上确实被风吹卷过去很多大大小小的法桐树叶，孩子们也被这些叶片所吸引，迅速地冲过去捡起来。"我捡了一片大的！""我捡了一大把呢！""我捡的叶子最大！"……孩子们七嘴八舌地说着，如获至宝，喜悦挂在每一个孩子的脸上。看到他们高兴的样子，我的情绪也被感染了。我高兴地说："你们这么喜欢这些落叶呀？仔细看看它们是什么样子的。长得都一样吗？""我的是黄色的。""我的有点绿也有点黄。""树叶上面还有尖尖角呢！""叶子的两面不一样颜色。"……孩子们纷纷说着自己的新发现。

教师小记：一片落在头上的树叶，引起了明泽的注意，他急忙告诉老师："一片树叶落到了我的头上。"说明明泽对周围的事物和现象感兴趣，也愿意和他人分享自己的发现。

孩子们纷纷说出自己对落叶的认知，"树叶是从法桐树上掉下来的""树叶变黄就会落下来""风会把树叶吹下来"等，说明孩子不光了解一些关于落叶的知识，他们也喜欢和老师、同伴交流，能清楚地表达自己的想法。

当大家听到彦润说墙边有许多树叶时都急忙跑过去捡起来，说明大家对落叶都很感兴趣，也愿意和同伴一起玩捡落叶的游戏。

当老师提出问题，"仔细看看它们是什么样子的。长得都一样吗"，再次激发了孩子们的观察兴趣。他们通过观察、对比，发现了不同的法桐树叶在大小、颜色、形状等细微处的异同，说明中班的孩子具有初步的探究能力。

幼儿发展：在与老师、同伴一起捡拾落叶和交流发现的过程中，一方面增进了幼儿同伴间的交流和交往，促使他们大胆勇敢地说出自己的想法。另一方面促进了同伴间的互助学习，在交流中增进了幼儿对落叶更全面的认知，如是什么树的叶子，长什么样子，它们为什么会掉下来，有哪些异同等。同时，和落叶的亲密接触也培养了幼儿亲近自然、喜欢探究的科学意识。

教师支持：作为教师，我们应当在孩子们的活动中支持他们的发现和分享，耐心倾听他们的交流，鼓励他们的观察和探究。如当明泽发现落叶掉到头上后告诉教师时，教师积极地进行了回应，"哦，这片树叶可能想和你做朋友呢！"当彦润发现墙边有许多落叶时，教师没有因要马上离园而制止孩子，而是支持孩子跑过去捡落叶，保护了幼儿的好奇心和对落叶的兴趣。当孩子捡回落叶兴奋地交流时，教师感受到孩子的喜悦，并参与到孩子的交流中，给孩子提出新的问题，引导孩子的观察、探究、发现、交流更加细致、持久和深入，如"仔细看看它们是什么样子的。长得都一样吗"。

场景二：第二次捡落叶的新发现

孩子们对落叶如此感兴趣，第二天户外活动时，我特意带孩子们在校园内自由捡落叶，孩子们异常兴奋。

在柳树下，书佟拿起两片叶子告诉我："我捡到了长长的叶子。"润豪也吆喝起来："我捡了一片长的、一片短的。""我知道，这是柳树叶子！"晨曦来了一个很好的总结。

在紫叶李树下，严润说："我捡到的叶子有点圆。"维轩说："我捡的叶子是紫色的。"

在杨树下，雨桐说："我捡到了心形的叶子，它是黄色的。"

在法桐树下，突然，子宜举着一片有洞洞的叶片大声喊起来："我捡的叶子上有许多洞洞！"这一吆喝，把许多孩子都吸引了过来，他们想来一看究竟。维轩也说道："我的叶子上也有小洞洞。"晨希高举着一片法桐树叶说："我捡的叶子也有洞洞，是被毛毛虫咬了吧！"严润说："可能是蚂蚁咬的。"浩辰说："也许是小蛇咬的。""可能是苍蝇咬的。""可能是蚊子咬的。""应该是毛毛虫咬的吧！"……大家都说着自己的猜测。

孩子们看着这些破损的叶片，对它产生了兴趣和疑问。"到底是什么咬的？我们怎么才能知道呢？"我反问道。严润说："在妈妈手机上查一查就知道了！"雨涵说："电脑上也能查一下。"我告诉孩子："你俩的办法都很好！这些被咬了的树叶是法桐树的叶子，回家和爸爸妈妈一起查一查，看看到底是什么咬了它。明天来园后告诉老师和小朋友们吧！"

教师小记：孩子们第二次捡落叶时依旧非常感兴趣，他们跑来跑去地寻找着自己喜欢的叶子，不时和老师、同伴交流自己的发现。从孩子们的喜悦情绪以及发现交流中，可以看出孩子们喜欢大自然的花草树木，喜欢亲近自然，喜欢观察和探究。

从孩子们的描述语言中，我们看到了孩子们的观察较为细致，也能够用数学语言准确地表达他们的发现，如"我捡了一片长的、一片短的""我捡到的叶子有点圆""我捡到了心形的叶子"等。

从孩子们发现叶子上的洞洞时的对话可以看出：孩子们是喜欢观察、喜欢探究、喜欢猜测的，他们愿意说出自己的意见、喜欢和同伴交流自己的想法。如"我捡的叶子上有许多洞洞""我捡的叶子也有洞洞，是被毛毛虫咬了吧""可能是蚂蚁咬的""也许是小蛇咬的"等。

幼儿发展：他们在捡拾落叶中发现了更多形状和不同颜色的树叶，发现身边树木的不同，发现叶片上的洞洞等，并积极地和老师、同伴交流。这一方面有助于培养孩子的观察、探究能力；另一方面可以促进孩子语言表达能力以及交流交往等社会技能的发展。

在这样自然的氛围中，孩子自我观察、自我发现、大胆表达，有助于形成会观察、会发现、会表达等良好的学习习惯。幼儿间的交流和互动，也给他们提供了同伴学习的机会和条件。我感叹：儿童真的是天生的学习者！

教师支持：在孩子们的观察、发现和交流中，教师并没有介入，只是认真地倾听和观察、支持和鼓励孩子的行为。当有两个孩子发现了法桐树叶上的洞洞时，孩子们大胆说出自己的猜测。同时也引发了诸多孩子的思考和疑问——到底是谁咬的呢？这时，教师进行了介入，但是没有给孩子正确的答案，而是给孩子提供了深入探究的理由。反问孩子："到底是谁咬的？我们怎么才能知道呢？"并提议孩子带着疑问回家和爸爸妈妈一起查询答案。这样既可以保持幼儿进一步探究的兴趣，同时又会培养幼儿发现问题、解决问题的能力。

场景三：我也变成小落叶

户外活动时，忽然刮起一阵大风，看到叶片被风刮得飞到高空中，严润大声喊起来："叶子飞起来了。"润豪说："对！飞得好高啊！"馨玥说："都快飞到楼顶上面去了！"看到孩子们高兴地欢呼雀跃，我问："叶子是怎么飞起来的呀？"孩子们异口同声地说："大风刮得飞起来了。"我说："我们一起来做一片被大风刮起的落叶吧！"孩子们一边仰头看着被风刮得高高的落叶，一边张开双臂快速旋转着自己的身体，仿佛一片片树叶在空中飞舞。我又问："大风刮起时，树叶旋转着飞起，那刮小风的时候，叶子是怎样落下来的？"依依用手做着旋转的手势说："叶子转着落下来。"显然，她的动作慢了很多，表现出落叶慢慢旋转的样子。严润一边双手平行左右摆动，一边说：

"一飘一飘地落下来。"还有的孩子双手指尖向上一前一后推动说："这样落下来！一前一后的。"孩子们又自由表演起了小风时和没有风时树叶飘落的样子。

教师小记：孩子们看到被大风刮起的落叶，高兴得欢呼："叶子飞起来了。""飞得好高啊！""都快飞到楼顶上面去了！"从孩子们的语言中，看得出他们能够把观察到的现象准确地描述出来，具有良好的语言表达能力。

说到刮小风时落叶飞舞的样子，孩子们很难用语言描述出来，他们就用肢体动作和语言结合来表达与表现他们的经验。这就是符合孩子现有水平的最好的表达方式。

幼儿发展：孩子们用语言表达自己的观察和发现，用动作再现自己的认知经验，他们在用不同的表现方式来表达他们的认知。在游戏中，孩子们的语言表达、艺术表现、社会交往都会得到很好的发展。

教师支持：当发现孩子们对飞舞的树叶感兴趣时，教师介入，引发孩子用肢体动作表现落叶飞舞的样子。在孩子用动作表现出大风吹落叶后，教师又引导孩子思考：刮小风时树叶是怎样飘落的？让孩子的认知在比较中进一步深入。

场景四：叶子变变变

看到区角中捡拾的落叶，彦润说："我要把这些叶子画下来！"说着，他拿来彩笔和画纸画了起来，一边画，一边拿起各种形状的叶片仔细地看来看去。豪仔说："我要用喷喷笔来喷叶子。"只见他拿来一盒喷喷笔、一张正方形彩纸，把叶子放在彩纸上，用手对着彩纸上的叶片使劲喷，结果颜料大多喷在了叶子上，只有叶子周围喷出一点点。他高兴地拿

起落叶说："我的叶子变成红色了！"当拿起彩纸上的落叶时，他惊讶地发现，彩纸上留下了叶子的轮廓，他高兴地喊起来："老师，我还变出了一片叶子！"看到他的创举，我向他竖起了大拇指！在他俩的带动下，其他孩子也纷纷参与到叶子的创作中，有的在纸上画，有的用喷喷笔装扮叶片，有的直接拿

颜料往叶片上涂……

教师小记：彦润和豪仔两个小朋友用自己喜欢的方式来表现落叶或进行创作，他们都很投入，体验着创作的快乐，感受着参与的满足。彦润一边观察一边画，画出了不同大小、形状、颜色的叶片。豪仔在使用喷喷笔让叶片换新装时，意外地发现又变出了一个叶子的轮廓，他非常兴奋，把这一发现和老师、小朋友分享。他们的行为也带动更多的孩子参与到创作中来。这就是同伴互助的影响。

幼儿发展：美工区的艺术活动，不仅发展了孩子的观察、比较和艺术表现能力，更重要的是让他们体验到了创作的快乐，有助于提高孩子参与艺术创造的兴趣。

教师支持：将孩子们捡拾的落叶投放到美工区，引发了孩子们的创造活动。美工区中放置的彩笔、画纸、彩纸、喷喷笔等丰富的区域材料为孩子们的创作活动提供了物质保障。

孩子们利用自己捡拾的落叶在美工区继续开展着喜欢的游戏，教师给孩子提供所需要的物质和精神支持，允许孩子去尝试实践自己的想法。在教师提供的开放环境中，孩子们自主选择喜欢的材料和独特的方式进行着创作活动。

三、教师反思

（一）发现、顺应孩子的兴趣

兴趣是最好的老师，是活动高质高效的前提，它能把幼儿的认知需要和行为进行完美对接，让幼儿积极主动地参与游戏活动。活动的展开源于一片掉在孩子头上的树叶以及同伴的积极回应，我及时抓住这一有利时机，按照孩子的意愿激发兴趣，让他们自由地去捡拾车旁边的落叶，让他们自由地观察、发现、交流、分享。我发现孩子们对落叶如此喜爱，这就提示我需要给孩子提供后续的活动支持。

（二）环境支持，与落叶亲密接触

活动由幼儿发起，既来源于幼儿身边的事物，又来源于幼儿的兴趣。作为教师，我们应该给幼儿提供环境支持，引发幼儿进行更深入的观察、发现、探究。如在第二次捡落叶时，孩子们不仅发现了树木不同，叶片的颜色、形状也不同；同时还发现了叶片上的洞洞，并产生了好奇和疑问：洞洞哪来的？是谁咬的呢？一系列猜想后并想出了查一查的办法，带着问题自主寻找答案。

（三）鼓励多元表征，重构认知经验

在一系列活动中，幼儿不单用语言和同伴积极地交流互动，还用到了动作表征，以此表现大风刮起的落叶以及落叶随风飘落的样子。在美工区内，幼儿还用画一画、喷一喷、涂一涂的方式进行了艺术创作。幼儿自主选择、自主操作，用自己喜欢的方式表达自己的观察、发现，教师给幼儿提供了必要的物质材料和精神支持。

我感叹：孩子真的是天生的学习者！在游戏中，他们善于观察、乐于发现、喜欢模仿。一个个快乐的身影，一片片飞舞的"落叶"，一幅幅美丽的画面，就是他们快乐学习的真实写照！

硬币存水（大班）

山东省博兴县第一小学附属幼儿园　贾卫卫

一、游戏背景

我们的生活离不开水，水无处不在，水是人类生存的必需品，也是幼儿喜爱的"玩具"。他们爱玩水，对水有浓厚的兴趣。科学发现区里的一盒硬币和吸管引起了孩子们极大的兴趣。通过硬币存水实验初步感知水的表面张力，了解自然界中的很多现象与我们的认知是有差异的，会运用小实验去验证猜测并得出结论，培养科学探究的意识，掌握科学探究的方法。在实验中培养幼儿细致观察的习惯、动手能力及发现问题和解决问题的能力。

二、游戏记录

随着主题的开展，班级科学区又投放了许多新的材料，如各种面值的硬币、大小不同的滴管。区域活动时间开始了，舒萱和雨欣两个小朋友来到了"硬币存水"的活动区域。只见雨欣拿着硬币看了看，指着规则图画说："这个好好玩，上面沾了好多水。"两人一起先看了区域里的实验操作流程图，似乎不太明白，随即向老师问询。教师："你们觉得提示卡上的这些是提醒我们干什么的？"舒萱抢着说："是告诉我们做这个游戏需要些

什么。"雨欣说："我认识这些工具，图上画的让我们准备的材料有硬币、滴管和水杯。"教师："通过看图，你们知道了什么？""取好水后要先找块毛巾铺在硬币上。"教师："是的，这是实验的步骤。"这时雨欣迫不及待地说："噢噢，我们明白了。"雨欣说："硬币不一样大，我各拿一个试试吧，还有滴管，萱萱你去把容器里装上水吧。"两人分工明确，不一会儿，材料准备好了，舒萱还发现了桌子上的实验记录单，她递给雨欣说："我们先要猜猜能滴多少水，写在第一列的格子里。"雨欣回道："我知道了，我觉得大的硬币盛得多，可以滴10滴水。"随后她在格子里写了数字10表示10滴水。舒萱想了想说："我觉得可以滴5滴水。"说着她在格子里写了数字5表示5滴水。两个小伙伴兴趣高涨地开始了游戏。

雨欣把滴管放在水里，捏住滴管上面那个胖胖的球，然后拿出来："咦，我的滴管里面怎么没有水呀？"舒萱也拿起滴管试了试，只见她拿起滴管，捏住滴管上方胖胖的球，"咕噜噜"一串气泡飘了上来，舒萱立刻把滴管拿了出来，把滴管拿出来的时候，手不小心松了一下，水柱进入了滴管里面。舒萱像发现了新大陆似的立马说："你得看见气泡才能进去水。"雨欣也赶忙试了试，但是小手一直捏得紧紧的，一点水也没进入滴管。舒萱在第二次尝试时，小手也没有松，同样也是一点水也没有进去。"我去问问老师。"舒萱拿着滴管来找老师。老师没有说话，只是拿起滴管，捏住滴管后端的橡胶头不放，插入水中，再松开手，也没有着急将滴管拿出来，结果手一松开，水柱就跑到滴管里面了。雨欣似乎看明白了："我知道了，手要松开水才能进来。"老师："那就赶紧试试吧。"

　　雨欣把滴管放进水里，挤了好几

下，然后把滴管放入水中不停地挤压，滴管中吸进一些水，又被她挤了出来，如此反复了好几次。舒萱则观察了雨欣一会儿，然后也把滴管放在水中不停地挤压尝试。不一会儿，她们两个就掌握了滴管的使用方法。

接着两个人开始了实验，雨欣取出了一枚1元钱的硬币平放在桌面上，再将滴管浸没在水中按压吸水，然后将吸管移到硬币上方，用手一挤，伴随着一声细微的"滴答"声，第一滴水滴在了硬币上，一滴、两滴、三滴……舒萱轻轻数着，硬币上的水渐渐多了，不久就鼓了起来，慢慢地，硬币上出现了"水球"，雨欣继续滴着，舒萱目不转睛地看着数着："十九滴、二十滴。"瞬间水从硬币上倾泻而下，"哇，我数到了二十。"雨欣把实验结果写在了后面一栏格子里。

舒萱也开始了实验，随着一声声细微的"滴答"声和雨欣专注的数数声，舒萱面前的硬币上也形成了一个"大水球"，继续滴着，水球破了。雨欣说："哇，我数到了二十八滴。"

教师小记：

（1）新鲜的操作材料总是能引起孩子们的注意，特别是好奇心与求知欲强烈的孩子，通过实验小游戏，我们看到舒萱和雨欣真是对任何事情都充满兴趣与好奇心的孩子，对周围的一切都有浓厚的探索欲望。

（2）在游戏材料的使用探索过程中我们看到，她们遇到问题时能主动寻求帮助，积极与同伴交流。她们在游戏时，对于操作过程及步骤等的语言描述完整，由此可以看出她们的语言发展较好，并能完整地向同伴表达自己的想法。

（3）通过游戏我们看到，通过几次练习，孩子们能精准地将水滴滴到硬币上，这说明她们手部小肌肉精细动作发展良好，动手能力比较强。

（4）游戏持续的时间比较长，她们能在一次次的失败后仍耐心地尝试，说明她们已经具有了一定的任务与目标意识，自制力较好。

幼儿发展：在此次游戏中，舒萱和雨欣首先满足了自己的好奇与探究的欲望，实现了自己动手试一试的想法。学会了使用滴管，并可以使用滴管进行小实验。通过硬币存水游戏，知道硬币上最多能存多少滴水，了解了自然界中的很多现象与我们的认知是有差异的。在实验之前会提出猜想，能运用小实验去验证猜想并得出结论。

在硬币存水实验中，她们锻炼了发现问题与解决问题的能力。发现每次滴的水滴数不同，并且在老师的帮助下找到了原因，原来硬币存水的多少，跟水滴的快慢有关，与水滴的高矮及水珠的大小有关……

在游戏中培养初步的科学探究意识，掌握初步的科学探究方法。养成细致观察的习惯，初步感知水的表面张力；通过多次反复实验，初步养成耐心细致做实验的习惯，在实验中提高合作交流的能力。

教师支持：

（1）游戏开始，孩子们看图示后寻求老师确认时，老师并没有直接告诉她们，而是鼓励她们说出自己的发现，并肯定她们的发现。

（2）对于滴管的使用方法，老师是通过操作演示，让幼儿自己发现的。中班小朋友的观察能力已经比较强了，在发现老师的操作方法之后，自己动手实际操作，经过多次尝试之后，成功地掌握了使用滴管的技能。

（3）在游戏过程中，老师更多的是观察者的身份，没有干扰与指导，让孩子们自己通过实践—调整—再实践的过程，发现实验结果的对错与不同。

三、教师反思

（1）幼儿对新的材料有一个学习使用的过程，在一开始进行硬币存水实验时，滴管吸水和滴水是幼儿面临的一个比较大的难题，首先是滴管的使用，需要教师正确的技术指导，孩子也可以自己探索发现滴管的使用方法，这样有可能会发现不一样的东西。但一开始遇到的难题可能会导致有些幼儿兴趣消散，所以针对不同幼儿的问题要有不同的解决方式，有的幼儿需要老师带着去感受，而有的幼儿可以通过观察去学习。

（2）实验能否成功不仅取决于投放的材料，实验方法是否正确也是非常重要的。使用滴管时需要孩子的手具有一定的稳定性，对孩子而言是比较难以操作的，因此老师在中班才投放这一实验，符合幼儿的年龄特点。由于孩子们第一次接触滴管，并不知道如何使用，因此老师及时给予了帮助。实验后，两个孩子的实验结果存在很大差距，但是她们相互鼓励，通过相互观察自己寻找原因。

（3）在实验过程中，孩子们出现问题时往往会失去游戏的兴趣，游戏极易中断。此时，老师的及时介入至关重要，要及时肯定以给予她们继续游戏的信心，要鼓励她们产生再次或多次尝试的勇气。

寻"坡"记（小班）

山东省博兴县乐安实验学校附属幼儿园　王　婧

一、游戏背景

雨后的小花圃不能进去玩了，花圃对面未竣工的水泥地成了孩子们临时的游戏场地。就这么一个小小的斜坡，却引来好多孩子争相尝试，他们跑上去，然后一屁股坐下滑下来，或是两脚一前一后靠着惯性滑下来，又或是几个小朋友比赛，看谁滑得快……从孩子们开心到起飞的表情、不绝于耳的笑声中，故事已经悄然开始……

二、游戏记录

斜坡在我们的日常生活中随处可见，也是我们生活中必不可少的一种地形特征，小班的孩子们在机缘巧合下发现的幼儿园里的斜坡，会碰撞出怎样精彩有趣的故事呢？

（一）N处空间找寻坡（感知、观察、表达）

1. 园内外探寻篇

当越来越多的孩子参与到探索小坡的活动中时，这一段小小的坡似乎难以满足孩子们的需求了，于是我们抛出了一个问题："幼儿园里应该藏着不少小坡，等着你们去发现哦！"孩子们跃跃欲试，这时候又出现了一个小问题：幼儿园太大，我们先从哪里开始呢？

A小朋友说："我想去高楼上找，我还没上去过呢。"

B小朋友说："我们玩积木的那个院子里有小坡。"

孩子们一时间不知道该怎么办，将目光转向老师，期盼得到帮助，老师提议："咱们分开找吧！"就这样，我和刘老师带着自由组队的孩子们兵分两路，开启了幼儿园内外的寻坡之旅。门厅下、玩具上、门口旁、楼道里、小路上……孩子们像去寻宝一样，好奇地探寻着藏在其中的"小坡"。

之后我们又进行了发现小坡的分享交流活动，画一画、说一说自己找到的小坡。孩子们用简单的线条画出自己找到的坡，用自己喜欢的方式做标记，这种方式让幼儿对斜坡由粗浅感知到详细了解再到表征起到了推波助澜的作用。

2. 家内外寻坡篇

发动家长资源，开阔幼儿视野。丰富的家长资源不能浪费，我们把孩子们在幼儿园内外寻找小坡的精彩照片和视频发到家长群，获得家长的认可后，周六周日的时间就交给家长了，为他们营造亲子时间。爸爸妈妈带领孩子从最近、最熟悉的地方继续寻找小坡，就这样一直延伸到社会的公共场所、延展到更广阔的户外空间，孩子们的视野更开阔了，这就是家园联动带来的效益。

周一上午，我们把家长提供的照片放在电视上，和孩子们一起分享交流。

F小朋友说："我去超市买好吃的，看见超市门口有小坡。"

D小朋友说："我坐爸爸的车开到立交桥，那里有个大坡。"

E小朋友说："我妈妈种的大棚，那个大棚上有坡。"

教师小记：什么样的学习兴趣在发生？在寻找小坡的活动中，孩子学到了什么？我想只有尝试过的孩子才更有话语权。回家之后，孩子们又一次了解了小坡的特点，并去寻找各种各样的坡，在坡面上摸一摸、滑一滑、跑一跑，在不断的实践中感知了坡的斜面，了解了坡的特点，初步积累了经验。

幼儿发展：在科学领域的学习过程中，好奇心是非常重要的内驱力，探究能力也是必不可少的一项技能。小班孩子们对斜坡的感性经验已经有了。

教师支持：孩子们因为好奇而引发的探究兴趣，教师及时捕捉，并且给予支持；另外，家庭是幼儿生活的主要场所，教师注重与家庭之间的相互合作，让家庭环境成为支持孩子们探索发现的另一学习场域。

（二）坡的猜想（观察、想象、推断）

1. 坡是怎么来的

我们把孩子们寻找到的小坡照片放到了展示墙上分享，几个孩子聚到一起边看边聊。

B小朋友说："这么多坡呢，这是坡妈妈，这是坡宝宝。"

A小朋友说："它没有妈妈。"

C小朋友说："它是从土里长出来的。"

A小朋友说："这个是用石头堆出来的。"

D小朋友说："用水泥做的。"

坡到底是怎么来的？对于生活经验相对较少的小班孩子来说，这应该是个难题。不过没关系，孩子们发挥想象，于是就有了奇奇怪怪、可可爱爱的奇思妙想"坡"。

2. 坡的样子像什么

E小朋友说："像我妈妈的裙子。"

F小朋友说："像高山一样。"

H小朋友说："像滑梯，我能从斜坡上很快跑下来。"

L小朋友说："像弯弯的彩虹一样。"

孩子们边画边说，斜坡像什么，小班孩子的认知水平决定了他们对于斜坡概念的理解，虽然最终没有给斜坡做出一个统一的定义，但是从孩子们的描述中他们达成了共识：斜坡一定是一头高、一头低的。

3. 坡有什么用处

有位小朋友提出了这样的疑问——小坡有什么作用呢？他迎来了热情的回复者——

H小朋友说："能让汽车跑得更快。"

K小朋友说："能快点滑下来。"

T小朋友说："能滚着玩。"

W小朋友说："用车子运积木的时候走小坡，一点也不累。"

教师小记：什么样的学习兴趣在发生？斜坡在我们生活中随处可见，孩子们通过前期经验的积累，对生活中的斜坡更加了解了。在不断的分享交流中积累了更多有关斜坡的科学知识（斜坡的存在、斜坡的作用），孩子的经验与学习有了更多交织。

幼儿发展：通过亲身体验和观察，他们对坡的认识更加丰富。在对话交流中，他们的想象力、理解力、语言表达能力以及与人交往能力不断提升。

教师支持：孩子们在对话交流时，我并未打扰和参与，而是默默地倾听记录，提供环境的支持。与此同时，我一直在思考：孩子们下一步学习的机会和可能性在哪里？如何让游戏场成为学习源？如何充分开发小坡，让多种资源丰富幼儿游戏内容，成为推进游戏发展的动力？

（三）和小坡做游戏（寻找、试玩、体验）

户外游戏时间万能工匠出现在小坡上，它们被孩子当作小汽车在坡上一遍遍地滑着玩，还有些小朋友骑着三轮车尝试上坡、下坡。几天的时间里，孩子们一直借助小坡反复玩这些游戏。

我们对接《3—6岁儿童学习与发展指南》，该指南中指出，给幼儿提供丰富的材料和适宜的工具，支持幼儿在游戏过程中探索并感知常见物质材料的特性和物体的结构特点。

于是我们有意识地投放了纸筒、纸板、仿真蛋、汽车玩具、可比克桶等材料，试图引导幼儿通过自由操作、体验、感知去发现各种材料在户外坡上的滑行情况。

然而，幼儿的活动轨迹和教师预想的方向出现了偏差。室内活动时孩子们的小游戏引起了我的关注：一个小朋友两腿并拢，并稍微前伸，用腿变出一个小斜坡，自己拿着一个雪花片玩具从膝盖处一推，雪花片滑到了脚面；另一个小朋友则把自己的小胳膊撑在桌子上，让雪花片从肩膀处滑下，雪花片半路掉了下来，他不断调整小胳膊倾斜度，试图让雪花片一次滑下，中间不掉落。

于是我们果断追随孩子，基于孩子的经验，重新审视活动，满足他们的好奇心和游戏发展需要。通过谈话，我们找到了孩子们的关注点——他们想将自己的身体变成斜坡来玩一玩。

1. 身体斜坡

接着就有了各种有趣好玩的身体斜坡游戏：腿上斜坡、胳膊斜坡、背上斜坡、肚子斜坡、头发斜坡、脚面斜坡、小手斜坡，甚至还有舌头斜坡。

2. 家庭游戏分享

周六周日的时间，请小朋友把在幼儿园玩的小游戏带回家和爸爸妈妈玩一玩，然后分享到家长群，传递亲子游戏的快乐。家长用身体做斜坡，孩子们在斜坡上爬上、滑下，既增进了亲子情感，又有了新的游戏体验。

教师小记：对于小班的孩子来说，在一起的同伴学习非常重要。

幼儿发展：孩子们不断通过模仿及实践尝试，获得了"让身体变斜坡"的方法。

教师支持：当看到预先投放的材料并没有起到推动的作用时，及时调整，果断追随孩子的兴趣和需要，因为兴趣是幼儿发展的最大动力。

（四）我的小坡我做主（观察、操作、实践）

1. 搭建斜坡

小坡出现在孩子们的搭建中，这是我们意料之中的，我们对接《3—6岁儿童学习与发展指南》，该指南中指出，成人要善于发现和保护幼儿的好奇心，充分利用自然和实际生活机会，引导幼儿通过观察、比较、操作、实验等方法，学习发现问题、分析问题、解决问题。

于是我们进行了一次谈话，引导幼儿想一想：除了积木可以搭建斜坡之外，你还觉得哪些东西能搭建斜坡？孩子们说椅子面、桌子面、纸板、绘本书、记录本、海绵垫子抬一抬就有斜坡了，有的泡沫积木有斜坡。说完之后马上行动，孩子们果真是行动主义者，搭建了各种斜坡，加入了许多小玩具，使坡上游戏更加精彩。

游戏过后，孩子们的表征记录也是生动有趣。

2. 坡的妙用

教师抛出问题：中班小朋友周五要带被褥回家清洗，但是他们在二楼，希望小一班的小朋友帮助他们把被褥运送下来。孩子们很热心地帮助中班的哥哥姐姐搬运被褥，有的两个小朋友抬，有的拖着，但是他们高估了自己上下楼梯的灵活度和熟练度，到了下楼梯的时候，相对中班小朋友自身没有优势，反而还需要被帮助的人照顾，他们顿时有了挫败感，不再那么积极主动。

其实这个时候，我们已经提前投放了材料：短积木、长条积木、海绵垫子。我们希望孩子们能够借助这些材料来解决遇到的问题，有个小朋友嫌被子太沉直接从楼梯上往下扔……

C小朋友说："被子都扔疼了。"

F小朋友说："都脏了。"

首先发现这些材料的是中班小朋友，他们提议将这些材料变成滑梯，让被子滑下去省力还不会脏，小班小朋友积极回应，忙说："我会，我会，我来我来。"体现自我价值的时候终于来了，他们首先选择的材料是长条积木，短积木没有进入候选区，我问他们为什么不选短积木，他们告诉我："不够长，不能用。"可是，被子在长条积木搭建的斜坡上从中间掉落，无法一次性完成。D小朋友说："多加积木，变大（宽），被子就不掉了。"效果不错，但是积木太沉，孩子们累得气喘吁吁。

有了使用工具材料辅助的经验，他们继续寻找可用之材，终于发现了海绵垫子。它的特点是，相比积木轻便，而且面够宽。就这样，孩子们在中班小朋友的带动下，结合以往的游戏经验，顺利地完成了被褥运送任务。

教师小记：什么样的学习在发生？这些自带"斜面"和"非斜面"的物体都是幼儿根据自身经验做出的思考，他们持续不断地丰富着对直线性"斜坡"的认识，能够利用斜坡的特性来解决生活中遇到的问题。

幼儿发展：孩子们在反复操作和实践中获得了相关经验，并把已有经验用到了搬运被褥的活动中，他们学会了尝试与同伴一起解决问题。

教师支持：幼儿的学习离不开在实践中的操作探索和感知，教师根据幼儿已有的经验，创设问题场景，提供材料，鼓励幼儿探索尝试。

三、教师反思

一个小小的斜坡让孩子们回归生活进行体验，在这里，孩子们以真实的态度去深度探究，成为热情而有力量的学习者。其实课程就在我们身边，它是一个实践着的、鲜活的、动态的、发展的过程。活动源于生活，又用于生活。在整个活动中，我们体会到材料的投放往往影响着幼儿探索的内容和进程。

孩子具有善于发现的眼睛，成人眼里习以为常的事情，在孩子眼中却是不一样的存在；孩子也是一个个富有生命张力的个体，他们每时每刻都以惊人的速度在学习和成长。教师所要做的就是要在一日生活中，用轻松的心态、欣赏的眼光去智慧地陪伴每一个幼儿的学习发展过程。在整个过程中，我们对于"幼儿为主导，教师为引导"有了更深刻的理解。为了体现幼儿的自主性，教师不是始终不介入、不参与活动，而是根据活动的开展情况选择恰当的时间和方式给予幼儿支持，并且引导幼儿进行更深入的探究学习。

快乐捉虫记（大班）

山东省博兴县第一小学附属幼儿园　吕　玲

一、游戏背景

陈鹤琴先生说过："大自然、大社会是活教材。"的确，大自然和生活中一些真实的事物与现象往往更能引发幼儿的兴趣和好奇心，成为幼儿游戏和学习的生动内容。

由于我们大四班的活动室在操场边上，门口有一棵法桐树，中秋节假期里树上喷过农药，又下了一场雨，树上的毛毛虫都落了下来。中秋节后一上班，我们活动室外的地上、墙壁上、窗台上、玩具上就爬满了落下的毛毛虫——美国白蛾的幼虫，特别是绿草皮上铺了一层，就像白色的地毯一样，多得简直让人无从落脚。多数毛毛虫还是活的，这吓人的场景我还从没有见过。所以，节后的前两天，我和班级的老师都赶在孩子来园前早早地把这些毛毛虫清理干净了，以防可怕的场景吓到孩子！偶尔看到几只，他们也会大声惊呼"有毛毛虫"。到了第三天早上，门口的毛毛虫明显少了很多，我也由于忙其他事情而没有及时清理。这样，早到园的孩子就发现了地上的毛毛虫，对其产生了兴趣，并引发了下面的游戏故事。

二、游戏记录

（一）快乐捉虫

清晨，润豪、一依等几个小朋友早早地来到了幼儿园。当他们走到活动室门前时，润豪突然指着墙根处大声地喊起来："看！这里有毛毛虫！"

听他这么一喊，梓润、一依、明泽等几个小朋友迅速地凑上来一看究竟。他们趴在地上热火朝天地谈论着："哪来的毛毛虫呢？""是不是从大树上掉下来的？""怎么会掉下来呢？""它好像死了！""没，它可能是在睡觉。"……等他们停止了讨论，我凑上前问："又有毛毛虫了怎么办呢？""捉起来呗！"大胆的明泽说。我接着问身边的几个孩子："你们敢不敢？"他们异口同声地说："敢！"我又说："那好，用什么夹起来呢？你们可以到活动室里找找看！"一听说拿工具捉虫，他们异常兴奋地跑进活动室，不一会儿就拿着响板、夹子、筷子等工具出来了。

看着他们找到的捉虫工具，我虽没有说什么，但是心里想夹子和筷子是可以夹起虫子的，响板怎么能夹起来呢？我仍在疑惑中，可是孩子们已经投入捉虫游戏中去了。过了一会儿，他们都夹着虫子兴奋地向我跑来，我看到还真有孩子用响板把虫子夹起来了。

"老师，放哪里？"他们举起手中夹着的毛毛虫问我。当时，我手里正拿着一个垃圾袋，就说："放进我的垃圾袋吧！"他们纷纷把夹到的虫子放进了我的袋子里，还不时跟我说："我夹了一个大的！""我夹的是小的！""我夹了一条黄色的！""我夹的是褐色的！"……孩子们一边放一边向我炫耀他们的功劳。

教师小记：没来得及清扫毛毛虫的无意之举，却给孩子们提供了一次学习和游戏的内容，给孩子们创造了一次发现、探究、尝试的机会！

润豪在墙边偶然发现的一条毛毛虫引起了他的兴趣，他喊道："看！这里有毛毛虫！"从润豪的行为，我看到了他是一个善于发现和观察的孩子。他的喊叫引来几个孩子聚在一起猜想、讨论："哪来的毛毛虫？""是不是从大树上掉下来的？""它好像死了！""没，它可能是在睡觉。"从他们的谈话中，我们看到了大班孩子愿意与他人讨论问题，并会对感兴趣的问题进行探究和追问；看到了孩子们之间的积极交流和互动，这也是幼儿同伴间的互助学习支持。

当听到老师说找工具捉虫时，孩子们迅速跑进活动室，投入寻找合适工具的活动中，在寻找的过程中，他们经过观察、识别、比较、选择，挑选合适的工具。这个过程也是孩子们一个很好的学习过程。最终，孩子们找到了一些能夹虫的东西，如夹子、筷子、响板等工具，说明他们有了一定的生活经验，能够根据已知经验选择合适的工具。

拿上工具，孩子们迫不及待地捉起虫子来。当夹起虫子时，他们又兴奋地向我跑来并对我说："我夹了一个大的！""我夹的是小的！""我夹了一条黄色的！""我夹的是褐色的！"说明孩子们喜欢观察并愿意与老师、同伴交流自己的观察和发现，当自己的愿望达成后愿意和他人分享。

幼儿发展：幼儿与同伴、老师的交流、交往，一方面促进了其语言发展和交往能力；另一方面也对幼儿的疑问给出了多种可能的答案，引发他们的深入思考。在交流中，幼儿大胆地说出自己的想法和见解；捉虫时，幼儿又能勇敢尝试，有助于培养幼儿大胆、勇敢的个性品质。

选择工具和捉虫的过程，给幼儿提供了观察、比较、选择、验证的机会，让孩子们在游戏中学会观察、学会比较、学会选择、学会验证，从而培养了幼儿发现问题和解决问题的能力。如在捉虫的过程中，有的孩子就多次尝试、更换、调试使用的捉虫工具，最终成功夹起虫子。

教师支持：当看到孩子们对毛毛虫感兴趣而开展讨论时，教师没有打扰，而是静静倾听。当幼儿讨论后，教师追问："有了毛毛虫怎么办？"明泽给予了肯定性回答："捉起来呗。"教师又问："你们敢不敢？用什么捉起来呢？"这引发了幼儿的思考，使他们开始了寻找和选择工具的活动。

当看到孩子们选择了夹子、筷子、响板等捉虫工具时，面对拿着响板的孩子，教师产生了疑问："响板能夹起虫子吗？"这时教师没有肯定也没否定幼儿的选择，而是静静地等待、观察，给予幼儿尝试和发现的时间与机会。过了一会儿，幼儿果真用响板把虫子夹起来了。在幼儿的游戏活动中，教师应瞪大眼、竖起耳、管住口、管住手，给孩子的游戏活动提供最好的支持。

几个孩子的捉虫行为很快吸引了更多到园的孩子，大家不约而同地到活动室找到工具来捉虫！随着入园的孩子越来越多，捉虫的孩子也越来越多。只有我自己拿着一个垃圾袋，他们都跑来往里面放虫子，但挤在一起很不方便。我提出："你们还可以到活动室拿纸杯放小虫呀！"在我的提示下，他们一个个跑去拿上纸杯，一手拿纸杯，一手拿夹子、响板或筷子把虫子捉起来。不一会儿，活动室前的地上、墙上、玩具上以及大树下的虫子，都被他们捉光了。有的孩子还趴在大树周围的石凳上找树根处泥地上的虫子。

教师小记：陆续入园的孩子也纷纷投入捉虫活动中，没有同伴的招呼、没有教师的支配，他们被同伴无声的捉虫行为深深吸引。可见，捉虫游戏是所有孩子喜欢的、感兴趣的、愿意参与的。不光男孩子喜欢，连一些胆小的女孩子也参与了进来，整个捉虫过程没有一个孩子发出害怕的尖叫声，整个幼儿园充满了孩子们开心、快乐、满足的欢笑声。

幼儿发展：捉虫活动能够充分锻炼到幼儿手部的小肌肉群，促进幼儿精细动作的发展。

教师支持：当教师发现更多的孩子来放虫子不方便时，提出了将其放进纸杯的建议，孩子们迅速行动，跑进活动室拿出纸杯捉起虫来。

活动室门前的虫子被捉光了，他们又跑到幼儿园院子那边的树下捉起来，每捉到一只，他们都高兴得不得了。有的孩子捉到后高兴地和同伴交流，有的孩子捉到后就跑来让我看，还有的孩子举着纸杯对我说："老师，看我捉了这么多！"他们纸杯里的毛毛虫真的越来越多了，有的孩子的纸杯底都被毛毛虫覆盖了。小班的王老师从我身边走过，问道："你们在干吗呢？"我笑笑说："捉虫。"她向孩子们的纸杯里一瞅，说："哎呀！真瘆人！"听王老师这么一说，孩子们更兴奋了，异口同声地说："哈哈！我们不怕！"

这时，一依跑来问我："老师，我捉的虫子老往外爬怎么办啊？"我说："你想想看。"……孩子们纷纷说出自己的办法。大约过了半小时，幼儿园树下的虫子都被他们捉起来了，在显眼处很难再找到虫子了！这时，有的孩子就仰着头找树干上的虫子，乐乐、润豪等几个孩子趴在地上寻找大树周围石凳下面的虫子，真实的捉虫游戏让他们非常开心！

教师小记：当孩子们发现门前的大树下没有了虫子时，他们又跑到其他的大树下去找；他们一边捉虫，一边高兴地和同伴谈论自己的发现，向老师展示他们的劳动成果，可见他们对于捉虫是多么喜欢，他们也为帮助了大树而高兴！

当看到路过的王老师害怕的表情时，他们兴奋地回应："哈哈！我们不怕！"在孩子的心里，已经感受到了自己的大胆和勇敢。

当一依发现自己纸杯里的虫子往外爬时，懂得主动寻求他人的帮助，遇到问题愿意向别人请教，愿意与人交往，具有良好的社会性行为！明泽和身边的其他孩子也利用自己的经验积极帮助同伴，给她想办法、出主意。在游戏中，孩子们相互学习、相互帮助，感受到了群体生活的快乐。

幼儿发展：群体生活、集体游戏给幼儿提供了交流、交往的机会，在活动中，幼儿感受到了集体活动的快乐，增进了情感体验和集体归属感，培养了积极的社会交往能力。孩子们在捉虫过程中遇到了许多问题，他们或自己动脑筋想办法，或与同伴协商，促进了他们发现问题、解决问题的能力。

教师支持：当幼儿寻找新的捉虫地点时，教师满足幼儿的需要，给予幼儿空间支持。当幼儿向教师提出问题时，教师不急于给出幼儿答案，而是让幼儿自己想一想、试一试，培养幼儿自己解决问题的意识和能力，同时鼓励幼儿同伴间相互帮助。

捉到虫子后，孩子们纷纷举着自己手里的纸杯高兴地告诉我："看，老师，我捉了这么多！"我都微笑着点头示意："你们真棒！"我让他们把纸杯放到地上集中在一起，然后我把这些装虫子的纸杯摞起来，放进塑料袋并把袋口扎紧扔进了垃圾箱。孩子们也纷纷去洗手间清洗自己的捉虫工具了。

教师小记：孩子们很愿意和老师分享他们捉虫的快乐，高兴地向老师展示他们的捉虫成果，在得到老师的认可后就兴奋地跑开，自豪感和满足感油然而生。

幼儿发展：捉虫后，处理虫子的方式，让孩子们了解到是害虫就要认真消灭掉，并知道了处理害虫的方式，培养了爱护树木的意识。孩子们积极地参与清洗工具的活动，有助于培养他们良好的生活卫生习惯。

教师支持：当幼儿高兴地向老师展示捉虫成果时，教师用点头、微笑给予幼儿无声的支持。捉虫后，幼儿不知怎么处理时，教师帮助幼儿将其收集起来、扎紧袋口消灭害虫。教师始终站在幼儿的身后，当幼儿在游戏中遇到问题自己通过尝试而无法解决时及时出现，给予幼儿适时、恰当的支持。

（二）交流分享

回到活动室后，结合图片和视频帮助孩子们对捉虫活动进行了回忆，并展开了一系列的谈话、讨论、交流。在交流过程中，教师提出了以下问题。

（1）今天的捉虫游戏高兴吗？

（2）捉虫时，你用到了哪些工具？

（3）你觉得哪种工具捉虫更方便呢？为什么？

（4）捉虫时，你遇到了什么问题？怎么解决的？还可以怎么办？

（5）你是在哪里找到的虫子？你知道这些虫子是哪来的吗？

（6）这是什么树上的虫子？它们怎么会掉下来呢？

（7）这是什么虫子？是益虫，还是害虫呢？

（8）除了掉下来捉住虫子，还可以怎样消灭树上的害虫呢？

（9）对于今天的捉虫，你有什么感受？

（10）你想不想把刚才捉虫的情景画下来？

教师小记： 在交流谈感受环节，孩子们表现得非常积极。因为参与了自己感兴趣的活动，又有游戏的直接经验，大家很愿意参与分享活动。其中晨希和媛予谈到：刚开始她们不敢捉虫，但是看到大家都很勇敢，自己后来也敢捉虫了。可见，榜样作用是如此之大，同伴用无声的语言激励了她们。如果不是这次谈感受，我还真没有发现她俩的变化呢！

幼儿发展： 通过游戏后的交流、分享，孩子们不仅交流了游戏活动的感受，还共享了游戏的经验、丰富了认知，促进了同伴间的相互学习。同时，教师针对游戏内容提出的一些问题，也为幼儿的深入学习提供了支架。如树上的虫子为什么会掉下来，怎样消灭树上的害虫，等等。

教师支持： 教师结合幼儿的游戏活动提出了一系列问题，以引导幼儿围绕游戏主题展开谈话活动。教师还通过展示游戏照片、游戏视频的方式，帮助幼儿回忆游戏的场景及详细细节，让谈话内容更丰富。

（三）绘画表征

孩子们积极投入绘画表征中，用绘画的方式表现自己的游戏过程。

　　教师小记：幼儿因为参与了游戏过程，在绘画的表现上是多方面的：画出了游戏的心情、游戏的同伴、捉虫的地点、虫子的颜色、虫子的位置、使用的工具、大树的表情等，画面内容丰富、形象生动、主题鲜明、情绪情感等表现得淋漓尽致。

　　幼儿发展：幼儿用绘画的方式记录游戏的具体情境，表现游戏的内容、表达自己的感受，有助于培养幼儿的艺术表现和表征能力。

　　教师支持：在幼儿绘画时，给幼儿提供充足的材料，满足幼儿活动的需要。绘画后，鼓励幼儿分享交流自己的表征作品。在美工区，给幼儿提供毛根、硬纸壳、剪刀、双面胶等材料，满足幼儿继续创作的需要。

三、教师反思

（一）发现、顺应孩子的兴趣

　　兴趣是最好的老师，是活动高质高效的前提，它把幼儿的认知需要和行为进行了完美对接，让幼儿积极主动地参与游戏活动。当早到园的润豪小朋友在教室外的墙角发现了一只毛毛虫引来同伴的关注时，看到孩子们趴在地上投入观察的样子，我及时抓住这一有利时机，问他们："有虫子怎么办？"当孩子说"捉起来呗"时，我引导他们自己到教室寻找捉虫的工具，开启了捉虫游戏，直到陆续到园的所有孩子都参与进来。这个过程不是教师要他们做的，而是我喜欢、我要做，是孩子们的主动行为。

（二）提供多方面的游戏支持

活动由幼儿发起，既来源于幼儿身边的事物，又来源于幼儿的兴趣。作为老师，我鼓励幼儿的行为并给幼儿提供多方面支持。如当孩子们捉虫后，让他们将其放到老师的垃圾袋内；当孩子多了不方便放虫时，对幼儿提出使用纸杯的建议；当孩子捉完教室门前的虫子后，允许孩子到幼儿园院子的其他地方捉虫；给幼儿活动提供更多的自由空间，在保证活动空间的基础上给幼儿提供足够的时间。在孩子们捉虫的过程中，教师也积极参与其中，对他们的行为进行关注、赞许、回应，提供精神支持。最后，帮助孩子们将虫子集中放到塑料袋内处理掉。教师还在幼儿绘画表征时，在美工区给幼儿提供丰富多样的创作材料，以满足幼儿的创作需要。

（三）鼓励多元表征，重构认知经验

回到活动室后，除了及时组织孩子们进行游戏后的分享交流，鼓励幼儿用语言进行表现、表达，积极和老师、同伴进行交流互动，还鼓励幼儿用绘画的方式进行游戏表征，用画笔表现自己的游戏情境。在美工区，教师还给孩子们提供了毛根、硬纸壳、剪刀、双面胶等丰富的材料，以满足幼儿进行立体创作活动的需要。

在日常生活中，只要我们做细心的教师，随时关注儿童的兴趣、顺应儿童的发展需要，就会抓住一些有利的教育契机，并能开展一些孩子喜欢的游戏和学习活动。

小小工匠与万能工匠（托班）

山东省博兴县曹王镇中心幼儿园　曹晓芳

一、游戏背景

户外活动时，我们托班的孩子们对大班孩子用万能工匠插的会动的小车、大炮产生了极大兴趣，玩得不亦乐乎，最后还把这些玩具拆卸一番，成功地把小车和大炮改装成了两辆摩托车及若干手枪。基于孩子们的兴趣，也考虑到他们的年龄特点，我选择了万能工匠的初级操作材料——小号的万能工匠，让孩子们尝试操作。

二、游戏记录

孩子们走进活动室，满眼好奇地问："老师，这是什么？"我说："这是万能工匠。""万能工匠？"孩子们一边嘟囔着，一边开始摸摸这个、看看那个，一会儿就找到了自己喜欢的材料开始玩起来。泽泽拿起一根线，竖着放在桌子上，然后往上面穿了许多轴，在线和轴相平的时候，他会再接上一根线，接着往上穿轴，等达到一定的高度后，作品就倒塌了。泽泽不仅不气馁，还很兴奋地把材料捡起来，继续玩。我问泽泽："你在干什么？"他说："我在盖大楼。"釴釴走过来看了看，和泽泽一起盖起了"大楼"，两个人你穿一个，

我穿一个，合作得很默契。

在高楼倒塌数次后，两人听到旁边的小雅正在做糖果，他俩也开始做起了棉花糖和糖葫芦，还拉我过去让我尝一尝。

泽泽拿着做好的糖葫芦，和旁边的小雅说："你尝尝糖葫芦。"小雅笑了笑说："我不吃，我做的棒棒糖。"

我看到一直在旁边忙不停的小宝，问："小宝你在干什么？"他说："我在做烧烤。"他旁边的小雅听见了，就放下手中的棒棒糖，也开始穿起了肉串，釬釬也凑过来穿肉串。我看到无人问津的花形面板说："这个也可以穿起来，烤着吃。"釬釬说："我烤花菜吧。"

泽泽走过来，拿起一串肉串，小宝说："这是我的。"伸手就要拿过来，泽泽转身就跑，小宝说："抓小偷，我是警察。"还把手中的材料当作枪，玩起了"警察抓小偷"的游戏，釪釪也把手中的材料当作手枪，加入"抓小偷"的游戏中……

教师小记：从孩子们看到新玩具的满眼好奇，到处摸摸看看，并能积极尝试进行操作，可以看出孩子们对新玩具的好奇和喜爱。

泽泽和釪釪能一起盖"大楼"，并且配合默契，这对托班孩子来说是很难得的，也看出了他们喜欢和小朋友一起玩。

泽泽和釪釪看到小雅做糖果，他们也会跟着做；看到小宝做烧烤，其他孩子也开始做烧烤；釪釪看到泽泽和小宝玩"警察抓小偷"的游戏，他也会参与其中——这些都显示出托班孩子玩游戏随意性比较强，爱模仿，兴趣很容易转移，没有持久性。

在游戏过程中，孩子们会拉我去品尝他们做的糖果，也让我去吃他们做的烧烤，说明他们愿意和熟悉的成人一起游戏。

幼儿发展：

（1）万能工匠是一套创造力游戏材料，在操作过程中，能促进孩子们创造力、空间想象力和动手能力的发展。

（2）社会交往能力的发展。孩子们在游戏中，除了独自游戏，也喜欢和同伴一起游戏，并能与他们友好相处。

（3）有助于语言表达能力的发展。多数孩子在游戏中会和同伴互动交流。

（4）在游戏的过程中显示出了孩子们主动探究、乐于创造的良好学习品质。

（5）有了初步的分享意识。孩子们做出自己喜欢的东西，会和老师、同伴去分享。

教师支持：在游戏中发现个别类型的材料不够充足，引发了个别孩子争抢玩具的现象，及时补充材料，保证游戏继续进行。

三、教师反思

（1）孩子们第一次玩万能工匠材料，游戏过程中体现的是"盖高楼""做糖果""做烧烤""警察抓小偷"的生活经验。为更好地发挥万能工匠材料的创造力功能，我想先给孩子一段熟悉和探索玩法的时间，先观察他们如何玩，过段时间再根据情况有针对性地组织幼儿交流和讨论。

（2）托班孩子年龄小，在游戏的过程中，有的孩子会出现破坏游戏材料、影响他人游戏的行为，在游戏前要讨论游戏常规，帮助孩子养成规则意识和遵守规则的能力。

用它来创造世界吧（中班）

山东省博兴县实验小学附属幼儿园　王婷婷

一、游戏背景

阿基米德自由积木，从小班进入孩子的世界，是我班孩子最喜欢的玩具之一。那时候的他们，更多的是在桌面上平铺、垒高，盖房子。进入中班后，我们又在原有的基础上添加了1000片积木，以满足孩子在创作大的作品时对材料的需求。进入中班后，孩子们的搭建水平也确实有了很大提升，融入了架空、组合等搭建技巧，创造了新玩法。

二、游戏记录

（一）我们可以连接起来吗

思源和新浩在垒高，思源说："我们可以连接起来吗？连接起来像轨道一样。"新浩说："应该可以吧，我们得先把它们盖得一样高。"新浩盖得快一点，他用手比了比，思源的还矮一些，就去给思源帮忙，他们小心翼翼地放着每一块积木，不时拿手比一比。当两个房子差不多高时，他们拿积木开始连接。

两组积木离得有点远，一根积木根本不能把它们连接在一起。新浩拿着一块积木，从上边试到下边，都不能行。思源说："它们离得太远了，我们盖得近一些就行了。"说完，思源推倒了两组积木。

稍稍收拾了一下场地，他们的第二次尝试开始了。这次，他们注意到了两组之间的距离，近点，再近一点。很快，他们垒得有些高了。新浩开始拿着木块连接。把连接木块平铺在两组积木的顶端，他们成功了。可是，两组积木本身却不再能收顶，这依然不是他们想要的连接后的样子。摆弄了一会儿，新浩对思源说："我知道了，我们直接挨起来，盖上顶就连在一起了。"思源点点头，就要推倒积木。新浩一把抓住他，说："你只要把这一个推倒就行，这样快。"

他们又开始了新一轮的尝试，这一次，新浩拿着两块木块顶在盖好一组的第一层，慢慢地开始搭。思源也明白了他的想法，说在旁边再垒一个。很快两组垒得一样高了。轻轻地把积木平铺封顶，两组积木连接在了一起。"我去拿小车。"思源跑到橱子里拿来了小汽车，将它平稳地放在了他们的轨道上。

他们的游戏吸引了更多小朋友的关注，小诺也加入了他们的游戏。汽车放在轨道上，轨道太短了，根本跑不起来。怎么办呢？思源说："我们再多盖几个吧，都连在一起，路就长了。"

于是，新一轮的探索开始了。

教师小记：这个游戏源于幼儿对阿基米德自由积木的自主探索，是在宽松的环境中自然形成的。游戏中，幼儿互相协作，共同完成了搭建计划和任务。

把两组垒高的积木连接起来，很简单。但若需要把垒高的积木变成轨道，能跑汽车，就有难度了。连接在一起要没有缝隙、要平整，才能像轨道一样让汽车跑。在这个过程中，一个个的问题，一遍遍的尝试，不断针对问题进行修整。他们坚持而投入，终于成功地把积木连接在了一起，搭建出了他们想要的轨道。

幼儿发展：在垒高过程中，思源和新浩积极主动地探索，认真专注地思考，依靠自己的力量找到了两组积木要靠在一起才能连接成一体的宝贵经验。

教师支持：整个过程，孩子们自己计划，创造游戏规则，我只是作为旁观者见证了孩子们在游戏中的成长。幼儿是天生的探索家，只要给予他们探索的空间，他们就能创造世界。

（二）怎样才能让小球滚动

三组积木一样高，封顶后平整地连接在一起，真像跑道。思源迫不及待地把小汽车放在上边，推着小汽车在上边走了一趟又一趟。我拿了个小球给他们，说："你们能让小球在轨道上跑吗？"思源一边说着没问题，一边接过了小球，可是小球往前滚动了几下就停住了。再试，亦如此。这又是为什么呢？

在游戏分享时间，我让他们分享了自己发明的新游戏，很多小朋友跃跃欲试，都想参与到游戏中。我发动孩子们都来思考小球滚动的问题。芒果说："我家有轨道玩具，我家的轨道是这样弯弯曲曲的，小球从高高的入口滚啊滚，就滚下来了。"

我知道了芒果的意思，新浩也听明白了，他说："对，我们的轨道太平了，要有高有低，小球才能从高的地方滚下来。"

在第二天的游戏时间，他们重新搭建轨道。这一次，新浩很快垒了一个不太高的，看着思源垒的和他的差不多高，他对思源说："你盖的要比我的矮。"说着，就把思源垒高的拿掉一层，封顶后，新浩的比思源的高一点。思源明白地点点头说："小诺的要比你的高一点。"思源少垒了一层，小诺多垒了一层，一个从高到低的轨道做好了。思源拿着小球去试，小球快速地从轨道上弹到了地上，小球在地上滚动。芒果走过来看了看说："你们的轨道也太短了吧，我家的小球可是要滚好久好久的，而且我家的轨道是一直到地上的。"听完芒果的话，三个人决定把轨道做得再长一点，是要一直延伸到地上的那种。这一次，他们掌握了每个都要矮一层的规律，很快，长长的轨道就做好了。思源拿球测试了一下，球可以顺利滚动，并一直滚到地上。"我们还可以把轨道做得更长一些。"小诺一边说着一边去高的一侧继续垒高。"我们加上护栏吧。"思源把每一层的顶端两侧都竖起了积木做护栏。新浩拿球又试了几次，对思源说："你再在地上加个防护墙吧，这样小球就不会滚远了。"一人一个小木球，比谁的球跑得快，比谁的球掉进了围墙。

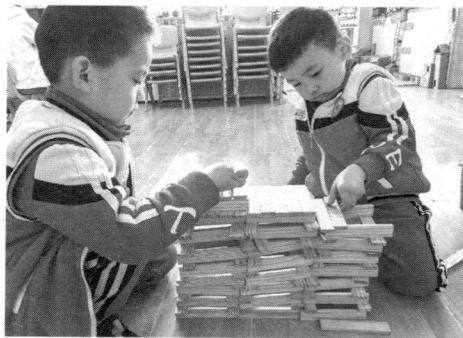

　　教师小记：给幼儿自主探索的空间并不意味着放任，幼儿的发现需要教师关注，并跟随他们经验、能力的发展，及时捕捉他们的新发现，推动他们自主探索的逐层深入。

　　随着游戏的推进，幼儿产生了新的需求：轨道太短，球一下子就滚下来的问题。他们迁移了家里滚球玩具的经验，提出了把轨道变长的想法。长时间的合作让他们之间很默契，轻轻松松就达到了目的。在这个过程中，幼儿的游戏行为体现出了明确的目的性，他们根据自己的观察，结合已有经验进行合理布局。这说明他们具备了一定的思考和实践能力。

　　幼儿发展：在游戏中，他们遇到小球在轨道上不滚动的问题，但没有轻易放弃，而是认真观察思考，并积极寻找对策。在与同伴的碰撞中，他们发现小球滚动要有坡度，小球从高处滚落到低处，才会连续滚动。看着孩子们能用已有的生活经验解决小球滚动的问题，我惊叹不已。

　　教师支持：在他们游戏时，我一直在记录他们的活动过程。我的关注让他们充满了动力，在活动中更能积极地去探究解决问题的方法。

（三）挑战高难度

受几个小朋友的影响，班里许多孩子也玩起了阿基米德积木的搭建。我和孩子们一起分享了网上的小球滚动轨道视频。孩子们不断发出"哇"的惊呼声。"小球竟然是弯弯曲曲地滚下来的！""这也太厉害了吧？""我也想做一个这样的轨道。""老师，我们也做一个这样的轨道吧！"

孩子们做出了各种各样的计划书，试图搭建一个视频里那样的小球滚动轨道。为了进一步激发孩子们的探索欲望，我和班上的老师利用孩子们的户外时间在教室中间搭建了一个足有1米高的轨道。

孩子们来到教室，看到小球轨道很是兴奋，轮流拿球去测试，听小球滚落的声音。我引导孩子们观察小球滚动的轨迹，发现积木拼搭的规律：每一层中间都平放一根横梁，利用平板的高度和横梁之间产生斜坡，球就会滚动到下一层。新浩和思源跃跃欲试，芒果也加入他们。可搭建的过程并不顺利，立着的积木再斜放一根很有难度，但一次次的失败没有影响他们的游戏，他们互相打气，嘴里说着没事，再来，手上尽可能地放轻动作。每加高一层，芒果就会拿小球测试一下，看着小球滚动，他们动力十足，一层层地小心垒高，并进行测试。

现在，我们班更多的搭建作品呈现了出来，平面的、立体的，大型的、袖珍的，每天都能听到孩子们分享他们的搭建故事，记录他们用积木创造世界的过程。

教师小记：当孩子们对阿基米德积木有了一定的游戏经验时，我认为需要给他们一些新的刺激，去激发他们的灵感，将他们的游戏引向更高水平！这就是支架的作用吧。我努力做他们坚定的支持者，肯定他们的点滴进步，和他们一起为新的创意欢呼雀跃，分享成功的快乐。

幼儿发展：当幼儿的探索是自由自在的，他们有充足的时间、有机会去尝试自己的奇思妙想时，我们就会发现他们的智慧远在成人的预想之外。前期几个孩子的分享引发了更多小朋友参与游戏，创造游戏，他们的天马行空真让我佩服。

教师支持：视频虽极大地激发了孩子们的探究兴趣，但孩子们只能透过屏幕间接感知，而且视频中的搭建过程过于复杂。身边的老师现场来摆，可以让他们直观感知到更为复杂的图形是可以实现的，更能给予他们力量与信心！

三、教师反思

（一）真正放手，支持幼儿自主游戏

放手让幼儿游戏，有时候更像一句口号。在孩子自主游戏的过程中，教师总会忍不住地去"支着"。但在这次游戏中，我尝试着放手，结果收获满满。

1. 放手让幼儿尝试，耐心等待

在这个游戏中，孩子有自主探索的空间，我退后再退后，耐心等待，放手让他们尝试，他们在一次次的试错中成功连接轨道。

2. 放手让幼儿体验，顺应需求

在活动中，我更多的是观察与倾听，放手让幼儿体验。我设想中的坡道是平滑的斜坡，当孩子们连接成功做高低道时，我及时调整了想法，跟随幼儿的游戏需要，关注小球是否能顺利滚落。

3. 放手让幼儿探究，适时回应

放手让我更深刻地认识到幼儿是有能力的自主学习者。活动中，我只是细心关注，适时回应：当幼儿将积木连接成功时，我给予了他们肯定；当小球不滚动的问题出现时，我发动全班参与，共同解决问题；当幼儿游戏需要提升时，我及时援助，用视频和现场刺激了他们向高难度挑战。

（二）下一步的支持策略

1. 引导幼儿利用记录表等材料进入深度探究

幼儿对阿基米德自由积木游戏的尝试是乐此不疲的，可以预见，接下来我们会对游戏进行深入推进，触及环形轨道、多层轨道等更复杂的内容，还会探

究场景式搭建等。如何让轨道斜坡是平面的？多层轨道的层与层如何衔接？环形轨道又如何搭建？场景式搭建中如何协作？……这些问题都会陆续进入幼儿的视野。《3—6岁儿童学习与发展指南》中指出，中班幼儿能用图画或其他符号进行记录。我们要有意识地提供纸、笔、记录表等材料，引导幼儿及时记录自己的计划、猜想和游戏的过程，使他们在游戏中自然而然地习得探究学习的方法。

2. 进一步丰富游戏材料，支持幼儿的游戏向团体合作发展

场景式搭建游戏需要的积木块数很多，因而，我们又增加了几百块积木，以支持更多幼儿参与到阿基米德积木的搭建中来。

圆柱体的滚动（大班）

山东省博兴县吕艺镇许李学区中心幼儿园　许元元

一、游戏背景

户外建构游戏是我园自主游戏的重要内容。随着电影《长津湖》的热播，孩子们特别热衷于搭建阵地和大炮，来开展他们的角色游戏。和平是全世界人民的共同向往，因此在游戏中我巧妙引导，使每天的战争游戏变成了孩子们自主探索的游戏。

二、游戏记录

（一）发现并不是每次都能从中间滚下来

在户外建构游戏中，一群孩子大声叫我："老师，你快看，我们的大炮。""哇，你们可真能干。""它还能发射炮弹呢！""真的吗？"只见，亚昊坐在由轮胎和木板搭建的大炮上，木板上面摆放了六个大小不一的圆柱体，当这些圆柱体随着长方形木板的倾斜整齐地滑落下来后，孩子们高兴得欢呼起来，可是当他们放上一个圆柱体时，圆柱体却从木板一侧掉了下来，随后，他们又尝试了好几次，都失败了。在游戏分享时，我利用视频引导孩子们观察思考。

老师："你们六枚炮弹都发射成功了，为什么这一枚炮弹没有发射成功呢？"

亚昊说："我们的大炮建设得还不够好。"

细心的俊智说："因为鑫悦用手把炮弹动歪了，它就从一边掉下来了。"

浩洋说："炮弹发射得太快了，而且炮弹没有摆放整齐。"

鑫悦："长的短的炮弹要放在一起才能成功。"

老师："下次游戏时，你们把自己的想法验证一下，看会不会成功。"

教师小记：游戏来源于生活，孩子们通过观看电影《长津湖》，对影片里的大炮有了初步的认识，并能通过简单的建构表现出物体的造型，说明孩子们观察很仔细，表现能力也很强。

当作为炮弹的圆柱体无法正常从中间发射时，在教师的提问下：你们六枚炮弹都发射成功了，为什么这一枚炮弹没有发射成功呢？他们能够大胆表达自己的猜测和想法，说明他们观察得很仔细，已经具备了较强的探究能力。教师的期待进一步激发了孩子们对圆柱体滚动的探索。

幼儿发展：在与同伴一起搭建的过程中，他们需要一起努力搬运轮胎与积木，增进了幼儿与同伴间的交流和合作。另外，他们的观察、对比、发现、试误的能力也在不断提高，如摆放两个长短不一样的圆柱体等。孩子们在一次次的失败中并没有放弃，这种良好的学习品质也在不断产生。

教师支持：作为教师，我们要在孩子们的游戏中支持孩子的发现和分享，耐心倾听孩子的交流，鼓励孩子的观察和探究。如当孩子们把自己的搭建成果告诉教师时，教师给了孩子们肯定的回应："你们可真能干！"当孩子们说可以发射炮弹时，教师的疑问进一步激发了孩子们游戏的兴趣。游戏分享时，教师的提问让游戏的方向来了一次巧妙地转变，给孩子提出新的问题以引导孩子持续进行观察、尝试、探究和发现。如"你们六枚炮弹都发射成功了，为什么这一枚炮弹没有发射成功呢"。

（二）探索圆柱体从木板中间成功滚下的方法

有了上次交流和分享收获的经验，他们很快搭建好了一个大炮，并开始反复尝试。刚开始他们借助前期经验，把圆柱体摆整齐，并慢慢地倾斜长板，虽然有时也会成功，但是成功率并不高，于是他们不断调整大炮高度、圆柱体的摆放位置，还试图把圆柱体用长方体两个两个地间隔开来滚下，但是成功率并不是很高。在进行游戏分享时，成功的孩子把经验分享给了大家。

老师："发射成功的小朋友分享一下经验吧。"

俊智："要把炮弹摆放整齐，还要摆在木板的中间，这样容易发射成功。"

轩扬："两只手要一起用力，不能发射得太快。"

子阳："坐在中间的位置，两只脚都放在大炮上，容易成功。"

亚昊："小的炮弹要放在木板的中间，慢慢发射，才能成功。"

教师小记：有了第一次建构的经验，孩子们在大炮的造型上并没有大的改变，而是改变了发射器的位置，想借助对发射器的调整来增加发射的速度，以此提高成功率，这也体现出了他们的智慧。但是他们反复调整并没有取得很好的效果，关于怎样才能成功，孩子们的看法不同，这也说明他们的认知水平存在差异。如俊智认为把炮弹摆放整齐，还要摆在木板的中间，这样容易发射成功。而亚昊用同一种方法去尝试的时候反而失败了。这时轩扬通过仔细地观察发现了问题所在：两只手要一起用力，不能发射得太快。这次，亚昊成功了。这也说明幼儿在面对问题时，能够接受别人的建议，并通过实际行动验证自己的想法。

幼儿发展：孩子们在尝试圆柱体从木板中间滚下的过程中，发现放圆柱体的大小、力量的大小、摆放位置的不同等因素，都是造成滚动失败的原因，并能积极地和同伴交流。这一方面提高了孩子的观察、探究能力；另一方面孩子们在提出问题、验证问题、得出结论的过程中，形成了不怕困难、勇于尝试的良好学习品质，与此同时，他们也进入了一个新的自我建构和内化经验的过程。

教师支持：在孩子们观察、发现、调整、尝试的过程中，教师并没有介入，只是认真地观察、支持和鼓励孩子的行为。整个过程中，孩子们没有求助教师，教师的默默无为给了孩子们最大的支持。在游戏的分享环节，教师带领孩子们梳理成功经验，使孩子们的有益经验得到内化和分享，从而引发关于下次游戏的新探究。

（三）大炮变成了多米诺

游戏开始了，孩子们迅速搭建了一个简单的大炮，小椅子上面是发射的地方，下面是连续的两个斜坡，并在斜坡末端加上了几个长方体木块，试图在圆柱体滚落以后将它们击倒。但是他们尝试多次都没能成功，于是孩子们不断调整斜坡的高度，并去掉了椅子后面的发射斜坡。在多次失败以后，子洋发现斜坡的面很窄是造成失败的主要原因，因此他们一起努力加宽了斜坡的宽度，并将坡道下端围合了起来。虽然圆柱体能够顺利滚落，但是并没有击倒他们在末端摆放的长方体木块。经过多次尝试，孩子们发现两个斜坡确实有一定的难度。亚昊说："我们干脆去掉上面这一段高的斜坡吧。"大家都赞成他的建议。只有一段斜坡后，他们的多米诺木块终于成功被击倒。

游戏结束，我们一边播放视频，一边引导孩子们思考。

老师："我看到你们经过不断地调整，圆柱体终于可以滚下来了，但是下面的木块，你们击倒了吗？"

亚昊："木块太重了，我只击倒了2块。"

奕晨："我试了好多次，只击倒了1块。"

轩扬："我把木块摆放在一起，发现很难击倒。"

高岩："用力一些可以击倒，但是用力了很容易滑下来。"

老师："你们为什么去掉了一段斜坡？"

亚昊："我们试了好多次，当圆柱体从上面的斜坡滚下时，总是从一边滚下，因此很难击倒最下面的木块。"

老师："下次游戏，你们还想尝试用两个斜坡来击倒木块吗？"

轩扬："下次我们会把两个斜坡连在一起，这样应该能够成功。"

老师："老师对你们的下次游戏充满了期待，如果成功了，别忘了邀请老师来尝试一下哦。"

教师小记：孩子们经过多次尝试，终于能够使圆柱体从模板中间滚下来。但是他们并没有满足，而是又一次生发了新的游戏，但是，圆柱体积木总是偏离斜坡，导致击不中目标，那怎样才能成功呢？有的幼儿提出是斜坡的高度影响了圆柱体滚动，有的幼儿提出是斜坡的面积影响了圆柱体的滚动，他们都接受了同伴的意见，并经过不断调整顺利击倒了下方的木块。从孩子们的语言中，看得出他们能够把自己发现的问题准确地表达出来，其他同伴也都愿意接受别人的建议，他们已经具备了良好的与同伴交往的能力。

幼儿发展：整个调整、尝试、再调整、再尝试的过程，幼儿都经过了深度的思考，再用生动形象的语言解释问题的答案，让我看到了孩子们认真、专注、主动思考的学习品质，幼儿也初步获得了有关物体重心方面的感性经验，了解了多米诺的原理，操作过程满足了他们不断挑战的自我需求。

教师支持：及时欣赏、引导幼儿不断探索与挑战。在游戏时，教师需要扮演好欣赏者的角色，如不干扰、不打断、不提主观性的建议等，认真欣赏孩子们的探究过程。游戏分享时教师的引导和赞赏是对他们最好的认可，这也给了他们不断探究的自信和勇气。

三、教师反思

（一）顺应幼儿兴趣，巧妙引导支持

游戏来源于生活，一次观影经历，丰富了孩子们的户外建构游戏。教师的巧妙引导让游戏的本质发生了转变，简单的建构积木被孩子们玩出了新花样，从发射炮弹到探索圆柱体怎样才能从木板前端的中间滚下，再到直线多米诺，这些不断变化、有层次递进的游戏，隐含着诸多科学道理，孩子们通过不断尝试，获得了有关物体重心方面的感性经验，虽然他们现在还不懂这些道理，但相信这些经验一定会对他们未来的学习有所帮助。

（二）在解决问题的过程中促进幼儿的整体发展

充足的游戏活动时间，使幼儿有机会不断地深入探究。例如，当圆柱体总是从木板一侧滑下时，俊智不断地调整圆柱体的摆放方式，轩扬不断地调整木板的角度，子洋努力控制两只手的用力大小。当圆柱体滚下而没有击倒长方体时，他们会及时改进斜坡的长度并加宽斜坡的面积。这些场景都让我看到了孩子们在遇到困难时不放弃、大胆尝试、不断试误、不断调整、认真专注的学习品质。在游戏分享环节，孩子们认真观察、积极分享、主动思考，使有效经验得到迁移，思维也变得越来越灵活。

（三）借助更多渠道，助推游戏开展

在活动中，我积极地赞赏并引导幼儿不断探索，组织幼儿讨论，让幼儿的经验得到巧妙的迁移，但是在分享时我只是借助了照片和视频，不能很好地帮助他们思考一些关键问题。比如，子洋说"坐在中间容易成功"，轩扬说"两只手要一起用力"，当孩子们尝试着去做的时候，并不清楚怎样才是坐在中间，怎样做才能两只手一起用力。所以，这些比较抽象的问题需要动手操作才能让幼儿更加理解。在接下来的游戏中，我也将带领幼儿在游戏现场进行讨论，并现场示范，让他们更直观地学习和理解。

一个持续发展的游戏阶段反映了幼儿不断递进的学习过程，一次次尝试、一次次失败和成功，让他们沉浸在自主学习的快乐中。作为幼儿教师，我们要做的就是从儿童发展的需要出发，关注儿童的兴趣，鼓励和支持儿童在游戏中的学习，与儿童在游戏中一起成长。

探秘陀螺（大班）

山东省博兴县实验小学附属幼儿园　曹怀香

一、游戏背景

学期初，孩子们发现了几个由上个班级留下来的手指陀螺，接下来的几天他们一有空就抢着玩，后来几个孩子从家里带来了自己的陀螺，然后一发不可收拾，越来越多的孩子被这高速旋转的小玩具吸引，陆续加入陀螺大战。我们顺势开展了"探秘陀螺"的主题课程。买来的陀螺已不能满足孩子们的探究欲望，孩子们开始尝试制作自己的专属陀螺，有的用纸板做，有的用太空泥做，有想做成圆形的，也有想做成五角星形状的，一时间手工区变成了陀螺制造厂。

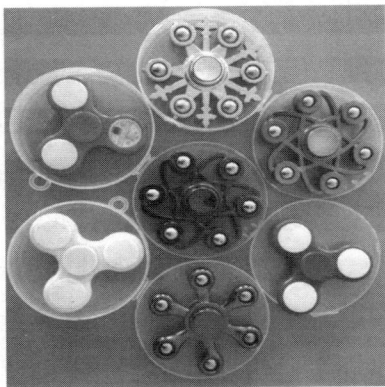

二、游戏记录

午饭后的自由活动时间，几个孩子又聚集到科学区，玩他们自制的陀螺，浩宇突然发现自制的陀螺不是每一个都能转起来，他拿着一个陀螺跟旁边的卓成说："你试试，这个陀螺转不起来。"卓成拿过陀螺试了一下，果然不行。

旁边的小安看见了说："是不是你用的力气太小了？"

越越说："可能是这个棉签轴插歪了吧。"

书妍说："是不是陀螺片太靠上了？"

晨硕说："可能是你转的时候棉签轴没有竖直在桌上。"

几个孩子一边七嘴八舌地议论，一边动手尝试改变这个陀螺，几次都没有成功，浩宇转头向我求助。

我说："其他陀螺可以转动吗？拿起来比比看。"（教师回应）

幼儿验证：

（1）比对棉签插在纸片上的位置。

发现棉签插在纸片中心的陀螺比偏离中心的陀螺转得稳定。

（2）比对纸片在棉签的上下位置。

发现纸片靠转轴下方的陀螺比靠转轴上方的陀螺转得稳定。

继续探索： 接下来，孩子们在玩陀螺的过程中不断发现新的问题，如彩色的陀螺转动起来的时候会变色，陀螺的轴在不同的位置转动的稳定性区别非常大，陀螺在不同的场地上转动的速度和稳定性有差异等。针对孩子们的发现，我们聚焦幼儿的探究发现，助推幼儿构建新经验。

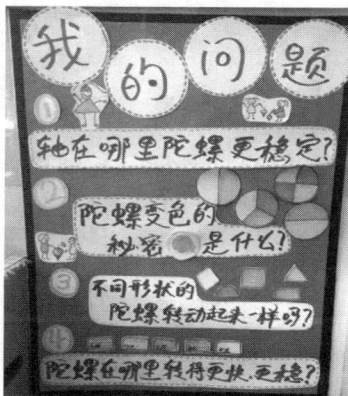

教师小记： 幼儿在探究活动中产生了自主猜想或假设，说明他们已经沉浸在这项探究活动中了，对探索的积极性非常高。在行动中所遇到的困难，才是真实的问题；在行动中所获得的认识，才是真正可以运用的能力。教师及时回应，并积极地提供良好的探究条件，让幼儿可以通过观察、验证、记录、调整等方法，分析问题和解决问题，这不仅满足了幼儿的探究欲望，顺应了幼儿的学习方式，更有效助推了课程内容向下一阶段顺利过渡。

幼儿发展：

（1）当幼儿真正进入探究状态后，就会有属于自己的发现，每个幼儿探究的角度不同，发现的现象也会有所不同。因此作为教师，我们对课程游戏的预设是一部分，对幼儿在探究性学习中突发生成的新目标，也要给予及时的回应和支持，结合原有的课程内容进行适当的调整，并提供相应的环境和条件，推动幼儿进一步操作和验证。

（2）陀螺游戏的学习过程就是幼儿自主而又持续不断地建构经验的过程。其中，材料的收集与调整、活动的生发与推进，都是源于幼儿的兴趣、需求及发展。整个探究过程很好地发展了幼儿内在的兴趣、好奇心和敢于质疑、执着探究等品质，真正做到了让幼儿在生活中学习，在学习中生活。

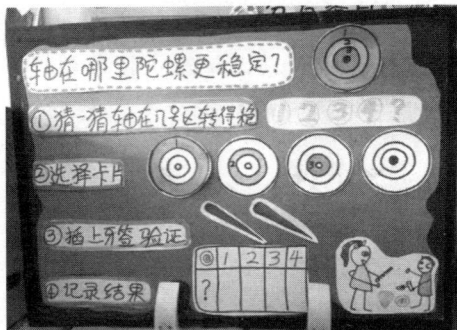

教师支持：教师和幼儿共同讨论不同的变量对陀螺转动情况的影响。

（1）探究形状的变化是否会引发陀螺在转动时不同的现象发生。教师和孩子一起设计制作各种形状的陀螺，记录陀螺在转动时我们看到的外观形状的变化。幼儿操作后会发现无论什么形状的陀螺，在快速转动时我们眼睛看到的都是圆形的，这是由我们眼睛的视觉暂留现象造成的。

（2）探究不同颜色的陀螺转动时会发生什么变化。引导幼儿在陀螺上涂上不同的颜色，当陀螺快速转动时，记录陀螺颜色的变化。幼儿操作后会发现高速转动时半红半黄的陀螺会变成橙色，半红半蓝的陀螺会变成紫色，半蓝半黄的陀螺会变成绿色，红、黄、蓝三等分的陀螺转动时会变成灰色。

教师和幼儿一起探究陀螺，发现陀螺的各种秘密。在这个过程中，教师充分尊重幼儿的想法，为他们提供多种材料以支持他们的探索行为，让他们在不断的尝试中收获多种经验。

三、教师反思

经过这次活动，我们也认识到一个有生命力的主题活动一定是从幼儿的真问题出发的，是能够真正引发幼儿的探究行为的，幼儿在活动中主动地发现问题，反复进行实验、操作、调查、收集与处理信息，继而与同伴协作、表达与交流。这是一个幼儿解决真问题的探究过程，并且是一个不断延续深化幼儿经验的过程。幼儿游戏的内容与实际生活的距离越近，越能引发幼儿的学习兴趣，幼儿的学习也就越有效。但是幼儿的探究学习需要教师的及时回应和积极助推，如此才能保障活动顺利进行和不断深入，在教师的回应和支持方面，我们还需要继续提升自己的专业能力。

妙趣横生戏童年（大班）

——木工坊里的那些事

山东省博兴县第一小学附属幼儿园　王修萍

一、游戏背景

曾经常州学习角落的惊鸿一瞥，让我深深感受到木工坊对幼儿有着巨大的吸引力，孩子真正沉浸于游戏中，对外界的一切干扰浑然不觉。即便作为成人的我，也是非常喜欢这种敲敲打打用真材实料去随心创意的操作。从此，便在心中埋下了一颗构建属于自己幼儿园的木工坊的种子……

二、游戏记录

场景一：游戏初邂逅

悬挂好木工工具之后，我便招呼小朋友来木工坊。小艺连忙凑到我身边说："老师，这就是我从电脑上看到的锯子吗？好神奇，它上边真的有好多锋利的牙齿。"听完他的描述，我乐了。小乐指着墙上的锤子喊："这是爸爸给我讲的锤子！我家里也有一模一样的锤子！""对，还有螺丝刀、钉子……"孩子们纷纷欢呼雀跃、摩拳擦掌，早已按捺不住心中的激动。我假装惊讶地说："孩子们，昨天你们和爸爸妈妈认识了这么多木工工具啊，简直太厉害了！"孩子们自豪地说："对啊！"我意

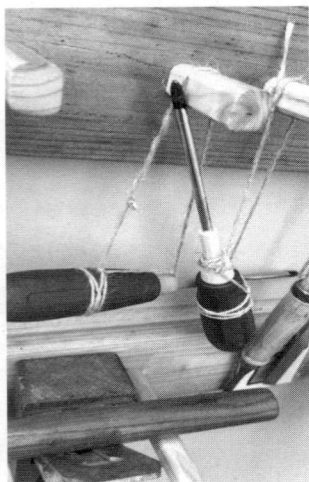

味深长地说："那你们可以在这里大显身手了，但是使用的时候请注意保护好自己和伙伴哦。"我话音刚落，孩子们便急不可耐地一哄而散，找寻心仪的工具去了。

教师小记：小艺是第一个来到老师身边的小朋友，他对老师说："这就是我从电脑上看到的锯子，它上边真的有好多锋利的牙齿。"老师都没想到，他能如此快地发现工具最主要的特征，说明小艺善于观察事物，能敏感地捕捉到事物的细节；从他完整的语句描述和"锋利的牙齿"等方面来看，小艺能有序、连贯、清楚地描述一件事，并能使用恰当的形容词，充分体现出小艺的语言词汇量还是比较丰富的。

从孩子们兴奋的三言两语以及"欢呼雀跃""按捺不住""急不可耐""摩拳擦掌"这些动作、神情，可以看出木工坊非常成功地吸引了幼儿的注意力，激发了幼儿的兴趣。

教师考虑到孩子们是第一次玩木工工具，为防止个别孩子有怯场的想法，于是假装惊讶地评价道："昨天你们和爸爸妈妈认识了这么多木工工具，简直太厉害了！"成功激起孩子们的自豪感和自信心，给孩子的游戏加油助力。

幼儿发展：在孩子们的话语中，不难看出同伴之间以及他们和老师之间能主动愉快地畅所欲言，并且能正确表达自己对事物的看法和见解。

教师支持：首先，在游戏中，教师和孩子们呈现了一个轻松、愉悦的相处模式，这是激发幼儿自主游戏的一个重要的前提条件。然后，用"真厉害"调动幼儿游戏的胃口，把幼儿参与游戏的热情拉满，这种激励式的游戏指导策略，能充分调动幼儿游戏的内在需求，是教师指导幼儿游戏的必备良方。

场景二：神秘机关

孩子们正在热火朝天的游戏活动中，突然伴随"嘣"的一声，小明手中锯子的锯条竟然毫无征兆地弹出来掉在地上，他捡起锯条试图把它安装到锯柄上，但是尝试了几次都没有成功。小明拿着锯条泄气地看向我，对我说："老师，锯子坏了。"我神秘地告诉他：

"锯柄的一端有个神奇的开关，只要找到它就能很容易地把锯条安装上。"小明便低头认真地检查起自己的锯子来，突然听见他大声喊道："这里能打开，我找到神奇的机关了！"说完他把锯条两端的小孔先后套到锯柄上下机关凸起处，然后合上锯柄上的把手，锯条便牢固地待在了锯柄之上。在小明忙着操作的同时，我当即叫附近的小朋友都来观看。当他看到围过来的一众小伙伴时，竟然主动给大家重新演示了一遍安装过程，并跟大家说："这事一点儿也不难，太简单了！"当一把修好的锯子完美地呈现在大家面前的时候，小伙伴们纷纷鼓掌称赞，我看到小明自豪地挺起了胸膛……

教师小记：当锯子坏了的时候，从"他捡起锯条试图把它安装到锯柄上"，可以看出小明想自己动手安装锯条，但在尝试了几次未成功之后，方对老师说"锯子坏了"。小明具备大班幼儿自己的事情自己处理的能力，有坚持自主解决问题的欲望。但是事与愿违，尝试几次失败后，小明主动向教师求助，更体现了他具有积极的社会性行为，能充分看出他是一个有主见、有自己想法的孩子。从"当他看到围过来的一众小伙伴时，竟然主动给大家重新演示了一遍安装过程，并跟大家说：'这事一点儿也不难，太简单了！'"这些描述中，不难看出小明有乐于助人的精神，还有着在集体面前敢于展示自己的勇气。

"当一把修好的锯子完美地呈现在大家面前的时候，小伙伴们纷纷鼓掌称赞"，从这里可以看出孩子们都愿意互相鼓励、互相赞赏、互相尊重和接纳。

幼儿发展：孩子们在游戏中遇到困难、迎接挑战、解决困难，从而收获了丰富的生活经验和难能可贵的学习品质，以及自豪感和自信心，这就是教育的最终目标。

教师支持：游戏具有很大的随机性和不确定性，正是因为这种不确定性，经常会给正在游戏的幼儿带来始料不及的问题，如果教师加以正确的引导，让孩子自己去探究、去想办法解决问题，孩子就能获得生活的经验和技能，所以，这些问题是成就孩子的跳板。当初选的是适合幼儿年龄特点的小号锯子，由于木头比较新鲜，所以在切割的时候难度非常大，致使出现了锯条弹出来的突发状况。因为大班幼儿有了足够的解决问题的能力，环境中的材料要给幼儿提供锻炼所有技能的机会，所以我没有第一时间给予直接帮助，而是用"神奇的机关"巧妙地引导幼儿去观察探究，静待幼儿思维的逐渐转换，助推幼儿的

游戏篇

发展。

根据孩子会自己修理锯子这个实际情况，我们就在材料提供上悬挂了许多根锯条，方便他们随时自由更换，使材料的投放有了层次性，只有动态地推进游戏环境和材料，才能使游戏真正促进幼儿的发展。

场景三：钉钉子的魔力

制作木工玩具必须用到锤子和钉子，用锤子把钉子固定在木片之间，使彼此连接得更牢固。只见小瑞一只手的拇指和食指捏住1～1.5厘米的小钉子，另一只手拿着锤子，开始的时候是轻轻地敲，当钉子进入大半的时候，捏钉子的那只手松开，拿锤子的手便加大力气，钉子很快没入圆滚滚的木头中……

教师小记：从"小瑞一只手的拇指和食指捏住1～1.5厘米的小钉子"中，能看出幼儿的精细动作发展极好，幼儿精细动作能力的发展是和感知动作的发展相辅相成的，感知动作必然发展不错。

从"开始的时候是轻轻地敲，当钉子进入大半的时候，捏钉子的那只手松开，拿锤子的手便加大力气"可以看出，为了保证钉子顺利钉下去，孩子掌握了由小力到使劲的过程，而且对这个力道拿捏得恰到好处，说明孩子做事情认真专注，善于找寻经验。

幼儿发展：材料是最自然的圆柱形树干，未进行任何加工，更增加了一层难度，孩子却是从容游戏，整个过程熟练自如，完全看不出第一次钉钉子的痕迹，我们看到的是幼儿无论是动作的发展还是心理气场的发展都是完美的。

教师支持：下一步，需要为幼儿的游戏提供一些精美的木工作品，可以让幼儿观察，鼓励幼儿创造出一个属于自己的宝贝。

场景四：睿智的小男孩

孩子们正在游戏中，星星举起自己的木片说："老师，钉子歪了！""唉，我好像也不会呢，你能想办法把它正过来吗？"我引导他。星星信誓旦旦地说："能。"星星先是把钉子横放，用锤子敲打弯起的部位几下，然后继续竖起钉子往木片里钉，钉子没有深入多少便又变弯，星星立刻手腕一转把小锤子横放，敲打了几下，看着钉子恢复之后，即很快把钉子钉进了木片里。然后他非常开心地跟我说："老师，我成功了！"我对他竖起大拇指，并且由衷地说："你可真厉害，我都没想到呢！"星星便喜滋滋地说："老师，

69

我去锯木头了。"我点头让他去忙。星星用锯子分割一根圆滚滚的木头，左手扶着木头，右手拿锯子锯。只见锯了一会儿，便用左手轻轻拍打放松右手手腕，然后接着锯。过了一会儿，星星抬起头朝我叹了一口气，我给予鼓励的眼神，星星继续行动了起来，锯一会儿放松一下手腕，再锯一会儿再放松，直至成功锯下了木头，这块木头足足锯了一下午。在游戏分享的时候，我问星星遇到的问题，他跟我说："老师，我知道了，以后一定要选择合适的材料。"我立刻竖起大拇指赞同他的观点。

教师小记：开始时星星举起自己的木片跟老师说："钉子歪了！"说明星星做事情时想得到别人的同情和感受。在教师的引导下尝试坚持去做，其实星星修正钉子的过程堪比成人的做法，横敲敲竖敲敲非常有效果，所以他还是有着丰富的生活经验的。他原本想用木头做一辆小车，但是因为木头比较硬，导致他没有干成自己计划中的事情，只是重复一件事情。在分享的时候，我只问了一句"你遇到了什么问题"，他立马进行了回答，"老师，我知道了，以后一定要选择合适的材料"，将问题拿捏得又准又稳，说明他深刻地知道自己今天的问题出在哪儿。他的理解能力超好，逻辑思维有一定的水平。看他的回答"要选择合适的材料"，而不是选一块合适的木头，第一个词"合适"和第二个词"材料"，这两个词概括得非常准确、到位，是一个善于动脑和分析总结、睿智的小男孩。

新鲜的木头很结实，孩子的力量还很小，所以锯起来一定会非常吃力。通过孩子放松手腕的动作和叹气的表情，我们可以感受到孩子的疲累和无奈，但是孩子没有放弃，依然坚定地完成切割。从这些表现中，我们能看到星星可以进行自我控制，忍受遇到的挫折，拥有做事认真、不怕困难、坚持到底的品质和良好的个性，这些将伴随他一生的成长。

幼儿发展：孩子在游戏中得到认同和肯定，最后经过自己的努力获得经验和认知，尤其是对问题的拿捏和反思独到，充分见证了孩子思维的进步和跨越。

教师支持：对于幼儿的求助，教师选择弱化自己，因为教师了解幼儿的能力水平，知道星星的求助并不是真正意义上的求助，包括给教师显示的疲惫，他只是希望得到教师的感同身受而已。正是教师示弱和鼓励的做法，引发幼儿潜力的发挥。所以，对于这类幼儿，教师应该赋予他们更难的任务和挑战，培养他们做老师、伙伴的小帮手，把他们身上的优势放大，他们也将成为祖国的栋梁之材。

三、教师反思

（1）无论是游戏环境创设还是材料投放，都是根据孩子在活动中出现的问题对其进行不断调整和优化的，所以挑战时刻存在，内容不断丰富。

（2）加强家园合作，把家长和社区资源整合到我们的教育中来，发挥游戏最大的教育作用，更要把游戏延伸到实际生活的运用中。

（3）在教育活动中，师生互动至关重要。师是智慧的引领者，生是火花的绽放者。正如太极中的一句话"四两拨千斤"，教师以"四两"这个看似微末的力量，拨动幼儿"千斤"一样的思维多位发展并引发幼儿深度学习。所以，教师的启发、提问不在于多而在于"妙"，这就需要教师潜心学习和思考。现代社会是信息技术化飞速发展的时代，在这个大时代背景下，幼儿的生活经验和认知、思想等随着时代的变迁而快速提升，那么作为领路人的我们仅仅做到与时俱进是远远不够的，真的需要每天学一点，接受一点新东西，反思一点新思想，每天进步一点点，聚少成多、聚沙成塔、滴水成河，最后实现量变到质变的升华。

小社会　大视野

　　百态汇聚，交往为证。孩子们的社会交往游戏是有丰富生活元素的。细读曹晓芳、李少洁、王修萍、王婧、刘红梅、王芳、张翠芝、李顺玉老师的"宸宸开商店""我们爱表演""从'烧烤之乐'探教育之法""有趣的纸箱""闪亮小舞台""'蜜雪冰城'开业了""小一班的'甜品店'""'主人'和'小猫'的有趣生活"游戏故事，我们领会了尊重儿童、彰显个性、积累经验、丰满生活的游戏精神。孩子们在社会交往游戏里扮演角色、承担任务，提高合作能力，精进社交技能，运用游戏生活元素驾驭和管理群体间的实际互动，支持其自身的生长发育。

宸宸开商店（托班）

山东省博兴县曹王镇中心幼儿园　曹晓芳

一、游戏背景

幼儿园的大滑梯，深受托班宝宝的喜爱，所以我经常带孩子们去滑滑梯。孩子真是天生的游戏者，滑梯也被他们玩出许多新花样。滑梯下面有一个房子一样的洞洞，这个地方自然而然成为孩子们的买卖场所——"商店"。这天，我发现很少主动做事的宸宸也去"商店"了。

二、游戏记录

场景一：

"商店里"，店员月月正在忙着招呼顾客齐齐。宸宸（穿带帽上衣的孩子）经过"商店"，往里面看了看，也走进"商店"说："我买蛋糕。"月月问："你要啥味的？"宸宸说："草莓味的。"

旁边的齐齐说："我要草莓味的。"月月说："没货了，就一个草莓味的。"宸宸看了看齐齐说："给你吧。"说完就走了。

转了一圈的宸宸，去而复返，看到"商店"里没人，他又左看看右看看，也没人，马上兴高采烈地冲进了"商店"，自己做起了店主。宸宸自己

在"商店"里正无聊，这时小进步走了过来，刚开始宸宸面对顾客有点不知所措，直到小进步说："我买棒棒糖。"宸宸才抬起头说："没有糖，吃糖会牙疼，有衣服、鞋子、奶粉、玩具。"小进步说："我要玩具。"这时，音乐响起，孩子们去找老师集合了，买卖还没做成，游戏就结束了。

教师小记：今天宸宸的表现让我惊讶，上学期，他还是特别黏老师，很少和别的孩子一起玩，没有把握的事很少去做。从他今天的表现可以看出，他有了主动参与游戏的意识，有了和小朋友一起玩的想法，从他的"谦让"行为中能感受到他的宽容和大度。从主动开商店可以看出，他开始愿意独自尝试做一些自己感兴趣的事。

幼儿发展：3岁左右的孩子，还是以自我为中心的，表达能力和社会交往能力比较弱。但是从宸宸说"没有糖，吃糖会牙疼，有衣服、鞋子、奶粉、玩具"这句话中，我们感受到了孩子有较强的语言表达能力。他能主动参与游戏，并把蛋糕主动让给小朋友，也体现了孩子在社会交往方面的发展。

教师支持：基于宸宸今天的表现，我及时和他进行了交流："今天，宸宸表现太好了，能自己去商店买东西了，还把草莓蛋糕让给小朋友。还能自己开商店，真是厉害！"我对孩子的行为及时给予肯定并进行鼓励，增强孩子的自信心，期待他以后的表现。

场景二：

第二天，我又带孩子们来到滑梯区，宸宸第一个冲进了"商店"，他等了一会儿，还是没有顾客。看到他失望的表情，我走过去问："有冰激凌吗？"他说："没有。""有蛋糕吗？""没有。""有糖果吗？"他又摇摇头："没有。"我觉得奇怪：

"啥都没有，你开的啥店啊？"他理直气壮地说："这是孕婴店，不卖糖，吃糖会牙疼。""你这里有衣服吗？""你穿不上，都是小孩的衣服，你去那边看看吧。"我这第一位顾客被无情地赶走了。这时，小进步慢悠悠地走进"商店"，说："我要玩具。"宸宸赶紧转身"拿"了一个玩具说："这是飞机，很好玩。"小进步接过"玩具"，张开胳膊，开着"飞机"走了。

宸宸又迎来了第三位顾客涵涵，他很有耐心地和顾客细数着"商店"里的商品："有衣服、鞋子、玩具、奶粉、磨牙棒、尿不湿。"涵涵说："我要芭比娃娃。"宸宸转身拿了一个"芭比娃娃"说："芭比娃娃50块钱。"涵涵把手放口袋，又拿出手对着"柜台"晃了晃说："已扫码。"然后抱着"娃娃"开心地走开了。

面对走过来的第四位顾客，宸宸主动、热情地打招呼："你买啥？有衣服、鞋子、磨牙棒、尿不湿、玩具、奶粉、小小火腿肠。"小超说："我要小小火腿肠。"宸宸回头忙活了一会儿，说："小小火腿肠30元。"小超拍了一下宸宸的手说："给你钱。"然后拿着"小小火腿肠"走开了。这时，我听到有人喊："老师，着火了。"我赶紧说："快给消防员叔叔打电话。"眼前的孩子一个跟着一个，全打电话去了。我回头一看，"商店"里没人了。

教师小记：今天游戏一开始，宸宸"冲"进了"商店"，看得出他对这个游戏的喜爱。宸宸能毫不费力地说出一系列的商品名称，还能报出商品价格；对买玩具的顾客，会推销好玩的"飞机"；还会和顾客耐心地讲解店里的商品；对待顾客的态度主动、热情。这些都显示出了他原有的生活经验，这些都是他在生活中看过、听过或是经历过的。

幼儿发展：

（1）宸宸推销商品以及和顾客交流等都显示出了他的语言交流能力，对别人说的话能注意听并做出回应，愿意在熟悉的人面前说话，能大方地与人打招呼。

（2）从宸宸在游戏中的表现能看出他喜欢和小朋友一起游戏，能与同伴友好相处，具有一定的社会交往能力。

（3）孩子们知道买东西要付钱，因没有相关材料，他们会用动作完成扫码付费或用拍手表示付费。

（4）能根据自己的兴趣自主选择游戏。在游戏过程中，宸宸能主动、热情地推销商品，展现出他自信的行为。

教师支持： 新商店开业，没有顾客上门，面对孩子失望的表情，教师适时介入，参与游戏，满足了他游戏的愿望，保证了游戏的顺利进行。

三、教师反思

（一）对于托班孩子来说，教师适当的介入能够推动游戏的发展

作为教师，在必要时，我们可以参与幼儿的游戏过程。如宸宸在开商店的第二天，刚开始因为没有客人，露出了失望的表情，我适时介入，给游戏以支持，保证了游戏的顺利进行。

（二）为孩子提供低结构材料，满足他们自主游戏的需要

在孩子们玩"开商店"游戏时，因材料缺乏，他们连以物代物的条件都没有，（记得以前有的孩子在玩游戏时，自己找树叶代替货物）很多时候用动作表演完成游戏。比如，在玩"开商店"的游戏时，涵涵想用手机扫码付费，因为没有"手机"，也没有其他代物材料，只能用手比画一下。小超也因为没有代物的钱币，只能用"拍一下手"的动作表示付钱了。因此，为孩子多提供一些低结构材料，会让孩子们的游戏内容和游戏行为更丰富。

（三）丰富的生活经验，增加孩子参与角色体验的机会

经了解，宸宸变化如此之大，与家长息息相关。自从宸宸进入幼儿园，家长一直关注孩子的在园表现。针对孩子的表现，放寒假之前家长和老师一起商

量了解决办法。假期一开始，宸宸妈妈就把他带到了店里（宸宸妈妈开了一家孕婴店，他平时都是跟着奶奶）。宸宸每天都会接触到商店里的商品，也接触了许多去店里买东西的妈妈和宝宝，还看到了妈妈作为店主如何接待顾客、如何推销商品，耳濡目染，近一个月的时间，宸宸悄悄地在变化、在成长。

我们爱表演（中班）

山东省博兴县实验幼儿园　李少洁

一、游戏背景

表演游戏是幼儿园重要的游戏活动之一，是指幼儿通过扮演某一角色，运用一定的表演技能（言语、动作、手势）再现生活内容的一种游戏形式。开展表演游戏对幼儿的艺术素养、审美能力是一种很好的熏陶，也能促进幼儿再造性想象、表现力、自信、合作等能力的发展。中班幼儿随着年龄的增加，自发的表现欲望逐渐增强，渴望教师能创造更多的机会和条件，提供丰富的便于取放的材料来支持自己的艺术表现和创造。自从班里淑仪小朋友穿了一身艾莎女王裙子来上学后，活动时间里总是有几个小朋友羡慕地围在她的身边讲述着迪士尼动画片《冰雪奇缘》中的情节，还时不时地加动作表演……看到孩子们的需求，我重新审视了班级的表演区——那些以娃娃家为背景的材料和简单的以头饰为主的道具已经显得太过单一与简陋，已不能满足孩子们的表演需求。于是，我们通过动手自制以及家长支持的方式，为表演区增加了各色蝴蝶翅膀、服装、动物头饰面具、各色帽子以及发饰等，让表演区的材料越来越丰富。此外，我们还利用多媒体电视为孩子们的主题背景提供了更多选择。

二、游戏记录

场景一：自主选择

在创设表演区投放表演材料后，幼儿对装扮表演产生了极大的兴趣。他们沉迷于不同的造型变化，有的幼儿戴着蝴蝶翅膀在班里飞来飞去，有的幼儿戴着动物头饰在地上爬或模仿动物的叫声，有的幼儿戴着头纱扮演小仙女到读书区做客，有的幼儿则一直在道具架子前尝试用各种道具装扮自己……总之，每个人都乐此不疲地呈现着自己的造型。

妹妹穿着她漂亮的蓝色纱裙对琳琳说："琳琳，我来扮演艾莎女王，你来帮我戴上王冠吧！"琳琳迟疑了一下说："好的，但是你要让我当王子，我和你一起表演！""但王子是男生，女生不能演王子！""我可以假装是男生啊！""那好吧。"得到肯定的答案后，琳琳很快给妹妹戴好王冠，接着自己也开始选服装。

教师小记：从这里可以看出，孩子们虽然还是以自我展示为主，但他们开始主动以跟别人合作的方式来配合表演故事情节了。

幼儿发展：从上述情况我们可以发现，中班的幼儿在对角色的选择上目的性更强，他们不再等待教师的安排，而是自主地选择要扮演的角色，他们逐步开始以动画片和故事中的人物角色作为基点，而且同伴间也有了简单的合作。这样的表演内容是幼儿自己生成的，是发自幼儿意愿的，但表演还缺乏一定的角色分配和情节设定。而且，在表演区主要演员都是女孩，男孩们基本处于配角或者观望状态。

教师支持：首先，组织幼儿讨论，让幼儿说出自己想演的各种角色或故事，最终由全班举手确定节目内容。其次，重温故事情节和台词，提高情节表演的熟练度。再次，幼儿讨论并参与道具的制作，以及布景的设计与制作。最后，教师和孩子们参与材料调整，根据确定的内容，收掉临时不需要的头饰和道具，留下与表演内容相匹配的道具。

场景二：男孩的加入

最近的表演区每天基本都被女孩们"霸占"着。这天，骏骏拉着嘟嘟不知道在商量着什么，最后他们来到表演区，骏骏说："我来扮演铠甲勇士保护地球，你来扮演怪兽吧。"嘟嘟说："好的，那下一次你扮演怪兽。"

于是，经过几分钟的装扮后，铠甲勇士开始表演了：嘟嘟扮演的怪兽张牙舞爪地在破坏地球，铠甲勇士骏骏则手持宝剑，挥舞着砍向怪兽……一个不注意，铠甲勇士被怪兽打了一拳，骏骏顺势捂着胸口倒在地上，嘴里还配合着"啊……"的声效。当怪兽想再次袭击铠甲勇士时，骏骏艰难地从地上爬起来，并且展开了英勇的反攻。在铠甲勇士的英勇战斗中，最后他战胜了怪兽，保卫了地球。

教师小记： 在这次表演中，两位小演员夸张的表演让表演区的观众达到了空前的人数，甚至很多其他区域活动的幼儿都停下手上的活动跑来观看表演。

幼儿发展： 两个孩子的表演更好地提高了男孩们参与表演的热情，吸引了更多孩子的参与，虽然当时没有制止围观孩子人数的增加，我们也意识到，表演区范围的无遮挡和不固定造成了很多孩子穿着服装到处跑，而且表演区都在活动室内，音乐声、交流声会干扰其他需要安静操作的区域中的活动，需要划定一定的区域范围表演。

教师支持： 为了明确观众和演员的角色定位，提高孩子们的表演质量，我们除了与孩子们分析剧本外，在表演区空间上也做了调整。用屏风划分出表演区的整体范围，减少对周围区域的干扰，并铺设地垫为表演舞台划定一定的范围，让孩子们的表演更有舞台意识。

调整之后，孩子们对表演区的兴趣依然很大，每天都有不同的幼儿入区表演，而且开始相互合作进行装扮，对表演的故事内容和人物特点也能展示得比较好。

三、教师反思

（一）发现孩子兴趣，助推孩子兴趣

兴趣是幼儿主动学习的动力，有动力的学习才会理解得更深刻。针对中班幼儿的年龄特点，在表演的内容上我们注重开放性，扩大表演游戏的范围和类型。我们鼓励幼儿根据自己的经验和兴趣自主选择活动内容，这更加激发了幼儿参与活动的兴趣，同时也发展了幼儿的想象力和自主操作能力。在故事表演的过程中，我们鼓励幼儿用自己的语言表述、猜测角色对话，进一步提高其对角色对话的理解能力及语言表达能力，尤其是对待有些害羞、不好意思上台表演的孩子。我们先发挥"人多胆子大""同伴间带领"的作用，让幼儿的竞争意识、自主意识不断加强。只要他能站上台，哪怕表演得不尽如人意，我们也会给予肯定和表扬。

（二）及时发现问题，鼓励幼儿自己解决

在表演期间也出现了很多问题，如在表演游戏开展中，很多幼儿会因"忘记台词"而手足无措，这时可以耐心等待，给孩子重新表述的机会，或提醒其他幼儿提示几个字，还可以告诉幼儿当忘记故事的对白时可以用自己的语言来表述，只要意思相同就可以；还有的幼儿在装扮好之后却想不出自己要表演些什么，这时下边等待观看表演的幼儿就开始替同伴着急，有的会直接上台反而忽略了自己是一名观众，这时我们让孩子们讨论怎么办，孩子们提出了表演时要有"导演"的建议。这也让孩子们对表演有了更深层次的认识。

经过一段时间对表演区幼儿活动的观察和推进，孩子们的语言表达以及对表演角色的语调、表情、动作等的把控水平有了很大提高。看到孩子们在小小舞台上尽情表演的时候，作为支持者、旁观者的我们心里不禁感叹：每一个孩子都是天生的表演者！相信孩子们在今后都能扮演好精彩人生中的每一个角色！

从"烧烤之乐"探教育之法（中班）

山东省博兴县第一小学附属幼儿园　王修萍

一、游戏背景

建构游戏是幼儿最喜欢的自主游戏之一，在游戏中孩子们可以天马行空、灵感迸发，构建自己喜欢的任意事物，创设自己向往的美好场景……

二、游戏记录

户外游戏时间到了，忽然旁边传来了阵阵欢笑声，我连忙走过去一探究竟，原来是小朱、小豪、越越正在用玩具进行搭建活动，只见他们把几根红色圆柱形的泡沫条放在最底层，又把各种形状和颜色的玩具放在泡沫条上边。小豪见我过来了，就对我说："老师，你看，因为天气太冷了，我们建了个烧烤店做烧烤。"见我满脸疑惑，他又指着圆柱形泡沫条说："这是火，我们正在烤烤肠！"我才恍然大悟，弯弯的原来是"烤肠"。"那这些是？"我指着绿色、黄色和蓝色的小玩具问。越越忙说："是调料呀。"

这时候，越越用玩具在"烤肠和面包"上划来划去，嘴巴里不停地念叨着："放点辣椒，放点烧烤酱。小豪你再不吃就要凉了！"旁边的小豪听见正要动手，忽然看见小朱正要把"烤肠"直接放在烤架上，立即大叫："不能这样！你这样做是不对的，要让厨师放上去！不然会烫到你的！"小朱听了连忙点头说："嗯嗯，下次我不放了，让厨师来放。"然后小豪和小朱便蹲在那里一动不动地看着厨师是怎样烧烤的。越越一板一眼，俨然一副大厨的样子，一会儿放点辣椒味的调味料，一会儿放点番茄味的调味料，嘴里还不停地说着：

"不要着急，烤肠马上就好了。"他们三人又哈哈大笑起来。

过了一会儿，越越的烤肠烤好了。小朱说："哇！真香啊！我可以吃了吗？"越越说："当然可以。"小豪和小朱就着手忙着盛食物，小朱想用小手直接去抓，旁边的小豪见了说："食物太烫了，你不能用手去抓，这样会烫到手的！"小朱笑着说："我有办法，吹吹就不烫了。"他们一边吃一边说："这个烤肠真香。"小朱吃得满脸笑容，还装作被辣椒辣到了一样。越越说："你们慢慢吃，我再给你们烤。你们还喜欢吃什么？"小豪说："我们烤一点面包吃吧！"越越说："好啊！想吃什么口味的呢？放点孜然你喜欢吃吗？"小豪说："我喜欢。"就这样，游戏继续进行着……

教师小记：从越越在烤肠和面包上的烧烤动作，还知道烧烤时"放点辣椒，放点烧烤酱"，可以看出他已经生动地将生活经验融入游戏中，而且做事不慌不忙、有条理。从他提醒伙伴"你再不吃就要凉了""你们慢慢吃，我再给你们烤。你们还喜欢吃什么"，可以看出越越是个善于观察、可爱善良和助人为乐的小朋友。作为中班上学期年龄阶段的幼儿，能及时关注到伙伴之间的情感和感受，充分说明他是个有爱心且具有较好社会交往能力的人。

我们可以看到在整个游戏中，小朱共"出手"了两次，一次是想"直接把烤肠放在烤架上"，另一次是想"用手直接抓取烤肠"，均受到小豪的制止。从"直接"上我们可以看出小朱做事干脆利索，考虑事情却不够全面，但是在遭到伙伴的制止之后并没有不高兴，你看他说"嗯嗯，下次我不放了，让厨师来放"，甚至第二次的时候乐观地说出自己的小想法。自己的做法连续遭到别人的制止却能心情愉悦地全盘接受、虚心道歉，这一点连我们成人都自愧不如，因为心甘情愿地接受别人的意见和建议是需要一种豁达的心态的。所以做到这一点其实不容易，而小朱就有这种良好的品质。

从小豪主动和老师介绍自己的游戏这一点，能看出小伙子性格开朗活泼，喜欢主动和人交流，社会交往能力和语言表达能力非常好；从看到小朱有危险的动作便立即大叫着说，"你不能这样！这样做是不对的，要让厨师放上去！不然会烫到你的""食物太烫了，你不能用手去抓，这样会烫到手的"，可以看出他不但是一个安全意识和自我保护能力很强的小男孩，而且懂得关爱同伴，知道及时提醒小伙伴不做不安全的事情。

幼儿发展：幼儿在游戏中有角色分工，即"厨师和顾客""顾客和顾客"，三人呈现出一个较好的社会性交往状态。从幼儿交往的语言中可以看出，每个幼儿都有较强的语言表达欲望和能力。从使用的几件简单的玩具能看出，幼儿能运用低结构材料进行整合，形象性思维获得不错的发展。

教师支持：除了一开始对游戏进行了介绍之后，幼儿仿佛忘记了教师的存在，完全沉浸在游戏中，所以后来的游戏中教师"隐身退出"，处于观望的态度，观察幼儿在游戏中的一举一动、一言一行，从而发现每个幼儿的闪光点。有一种"介入"叫"不介入"，有一种"介入"叫"退出"……

三、教师反思

中班幼儿各方面的能力和水平都在不断提高，逐渐爱玩会玩，思维逐步由小班的直觉行动性体现出具体形象性，但又没有达到大班具有的初步抽象概括思维的水平，所以有时候游戏的形式比较单一，比如这个游戏中游戏材料和游戏玩法就没有拓展开来。在回到活动室后，根据这个游戏，我和孩子们一起回忆去烧烤店的情形，鼓励幼儿大胆想象，孩子们最后商讨出烧烤的各种各样食材，以及烧烤店角色分工，甚至还想出了外卖的好主意等，这样他们对下一次的游戏开展便充满了期待。所以，教师在观察和了解幼儿兴趣的基础上，要追随幼儿，及时发现和保护幼儿的好奇心，充分利用幼儿的实际生活经验，引导幼儿发现问题、分析问题和解决问题，不断帮助幼儿拓展游戏的深度和广度，延长幼儿对关键经验的获得。

在活动分享环节，我抓住每个孩子的闪光点和孩子们一起交流，对这几个孩子来说不但促进了他们良好品质的形成和巩固，更重要的是让他们找到了自信，为健康幸福成长奠定了良好的基础。

在游戏中，教师要投放足够多的能够引导幼儿"一物多玩"的材料，材料不局限于材质、种类，甚至区域界限，要能积极调动幼儿的多种感官，充分利用幼儿丰富的想象力、创造力去对游戏进行多方位的探索；作为一名专业的教育工作者，教师应该以幼儿的兴趣为基础，以游戏活动为载体，通过引导幼儿分享和表达，鼓励幼儿以各种作品的形式表达对游戏的认知和体验，并从对幼儿多次的观察和幼儿的表达中形成对幼儿系统客观的评价体系，以促进幼儿更有价值地发展。

有趣的纸箱（小班）

山东省博兴县乐安实验学校附属幼儿园　王　婧

一、游戏背景

小班的教师与家长一起收集了一些废旧纸箱放在户外游戏区，供孩子们搭建游戏。这些简易的纸箱让孩子们爱不释手，他们经常搬过来搬过去，排成排，垒高高……有时候，还会生发出自主的角色游戏。

二、游戏记录

（一）不停取奶的小朋友

小米从杂乱的纸箱中提出两个装奶的空纸箱向走廊的另一端走去，边走边自言自语："我要去取奶。"走到空无一人的走廊尽头后，她假装往箱子里拿了几瓶奶，然后转身往回走，来到纸箱旁边说："我把奶取回来了。"之后她又立即转身边走边说："我又要取奶了。"

教师小记：低结构的材料可以引发孩子的自主游戏，只要教师不给这些纸箱规定固定的玩法，孩子们就能玩出自己的花样。这位小朋友自得其乐一遍遍玩着"取奶"游戏，这也反映了小班孩子游戏的典型特点——喜欢重复的游戏。

幼儿发展：小班孩子喜欢在重复的游戏情节中享受游戏过程带来的快感。

教师支持：继续提供丰富的低结构材料，满足幼儿自主游戏的需要。

（二）取奶工又上班了

今天小米依然在玩她的取奶游戏，依依看到了，也从地上提起纸箱说：

"我要去上班了。"她右手提着纸箱，左胳膊夹着一个略小一些的纸箱，笑眯眯地向走廊另一端走去，正在取奶的小米看到后马上说："我也要去上班。"然后学着依依的样子，一只手提纸箱，一只胳膊夹纸箱，走向走廊的另一头。

教师小记：小米看到别人上班，自己也马上跟着玩起了上班的游戏，这说明小班孩子游戏的主题不稳定，他们喜欢模仿他人，容易受同伴的影响。

幼儿发展：孩子是天生喜欢角色游戏的，不经意间，他们就会利用身边的材料玩起来，而且没有事先商量，彼此之间很快就能在游戏主题、游戏角色、游戏情节上达成默契。

教师支持：游戏中低结构材料的投放，让幼儿的自主游戏活动更具想象力和创造力。除纸箱外，教师还可以投放生活中幼儿常见的奶粉桶、瓶瓶罐罐以及各种安全的废旧物品。这些废旧物品在幼儿手里会变换出多种玩法，会让孩子的游戏内容和游戏行为更加丰富。

（三）找孩子

小米搬着纸箱来回穿梭，她来到墙边无人的纸箱旁说："咦？我的孩子呢？没在家？"说着用手指在纸箱上乱点了几下，然后把纸箱扛在肩上说："喂喂，孩子，你听到了吗？喂？"接着，她又把纸箱放下，说："怎么没人接电话？我要去找孩子了。"

教师小记：看得出，小班孩子能够利用自己已有的生活经验和智慧不断创造出新的游戏，并一直沉浸在自己的假想游戏中。

幼儿发展：在看似无序、随意的游戏里，孩子的口语表达能力、想象力、创造力都获得了一定的发展。

教师支持：营造宽松的游戏氛围和环境，支持幼儿的自主游戏。

（四）给宝宝洗澡

小米一边抱着小奶箱，一边又动手做起饭来。乐乐走过去问："我能当妈妈吗？"小米说："不行，没有两个妈妈，只有一个妈妈。"小米又想了一会儿，把抱在怀里的奶箱交给乐乐说："要不，你去给宝宝洗澡吧。"乐乐愉快地答应了，然后开始寻找各种可以用来洗澡的材料。

教师小记：可以看出，孩子们的游戏水平正在逐步提高，游戏有了一定的目的性。

幼儿发展：小班幼儿有了初步的角色分配和协商意识。游戏中，两个孩子产生了交流和互动。两个人的表现也让我看到了他们初步的社会交往能力和解决问题的能力。

教师支持：当我发现游戏中出现了给娃娃洗澡的情节，又一时找不到合适的游戏材料，游戏进程止步不前时，可以提供给幼儿毛巾、小盆等材料，以帮助幼儿展开想象。

（五）快递小哥

几天后，另一堆纸箱被男孩子用简单的垒高高的方法搭成了"快递小屋"，男孩子们扮演起快递小哥的角色，把纸箱运来运去。秩序感较强的阳阳则不厌其烦地把快递小哥运送的快递箱码放整齐，并不断提醒来送快递的小朋友："要放好，要放好。"

教师小记：虽然游戏情节简单，但这恰恰反映了孩子们对周围环境中人和事的观察与理解，是他们生活经验的再现。

幼儿发展：孩子们在模仿大人工作的过程中实现了自己的游戏设想。

教师支持：游戏结束后的分享环节，教师可询问，是否需要教师提供游戏材料，以及要提供什么样的游戏材料。

三、教师反思

（1）在没有成人干预的情况下，即使是小班小朋友也能结合生活经验进行假想和创造，自发地生成一些简单的游戏主题，这些游戏看似随意、结构松散，但仔细观察就会发现，它们对幼儿发展非常有意义。因此当幼儿全身心地沉浸在自发游戏的氛围中时，教师尽可能不要打扰，只是在幼儿需要的时候，通过充实或调整游戏材料给予幼儿支持即可。

（2）组织分享与交流，引导幼儿反思、积累游戏经验，提升游戏水平。

游戏后的分享一直是幼儿回顾游戏过程、再现游戏问题、提炼游戏经验的过程，这样可以推动幼儿的认知能力向前发展。

（3）由此可以看出，小班孩子的建构经验少，我们应多丰富幼儿的生活经验，也可以请中班和大班的小朋友带着小班的小朋友玩，小班幼儿可以模仿和学习。

如何引导幼儿的继续游戏是接下来教师要面对的，我们发现小班幼儿的建构技能如果得不到教师及时有效的指导，多数幼儿就会失去对建构游戏的兴趣。因此，激发小班幼儿建构的兴趣，丰富认知经验，提高建构技能，帮助幼儿获得成功的体验，是我们现阶段要努力的目标。

闪亮小舞台（大班、小班）

山东省邹平市实验幼儿园　刘红梅

一、游戏背景

　　小舞台是深受幼儿喜爱的户外游戏区，每到游戏时间，舞台周围的文艺爱好者便络绎不绝，十分热闹。有的上台一展歌喉，有的秀主持风采，有的维持舞台秩序，有的摆摊赚钱……多姿多彩的游戏内容让幼儿获得了愉快的体验，他们在玩中学习、合作、发展。3月，北院迎来了大三班和小三班的宝贝，他们的故事开始了……

二、游戏记录

场景一：我的游戏我做主

　　舞台上的小演员们表演得有模有样。玩龙灯、舞狮子、唱歌、讲故事等，节目丰富多样。这时，舞龙灯的小朋友之间起了争执。怎么回事呢？A抓着舞龙的棍子不放手，B都快哭了，说着："是我先选的。"不管怎么说，A也不放手。抓着龙头的C说："A你不能抢B的，是他先来的。"A还是不放手。C接着说："剪子包袱锤，谁赢了谁玩吧。"B感觉有些为难，不出手。C说："我帮你。"于是，A、C剪子包袱锤，一局定胜负。C赢了，A放开了手。最后B、C等6个小朋友登台表演，六人各有分工，从龙头到龙尾，大家配合舞动着整条"龙"，它时而空中翻腾，时而水底捞月，时而云中飞舞，每个孩子都玩得很开心。好多人骑着小车就过来了，导致台下有些混乱。小文一直在舞台的左边，关注着台上台下的情况，他跑到台下，说："这里是舞台，你们不能在这里骑车。"这几个孩子似乎不买账。小文跑到材料处搬来塑料凳挡在了舞台一侧。这是设置路障呢，他用塑料凳把舞台围了起来，这下小车进不来了，舞台上的秩序好多了。小班的小朋友在大班哥哥姐姐的带动下也勇敢地上台表演。

教师小记：

（1）"舞龙灯"活动。①从"人际交往"方面来看，A想加入游戏，但是人数已经够了，在这种情况下，他表现得简单粗暴，不会等待，无规则意识，有些欺负弱小的倾向；B则表现得比较软弱，不善表达，遇到问题或困难时不敢坚持，自信心不足；C是个乐于助人的孩子，他能及时地关注到别人的情绪和需要，并给予帮助，当看到同伴受欺负时，能勇敢地站出来想办法，并通过协商，采用"剪子包袱锤"的形式解决矛盾冲突。②从"动作发展"方面来看，孩子们能协调一致地相互配合，动作比较灵活。

（2）小文在游戏中选择的是监督的角色。从"身心健康"方面看，他表达情绪的方式比较适度，不乱发脾气，能随着活动的需要转换注意；从"动作发展"方面看，小文能独自将塑料凳搬运10米以上的距离，而且不止一次，可见他的力量和耐力还是发展得不错的；从"人际交往"方面看，小文能主动地运用语言表达，但是话不多，当劝阻他人行不通时，他会另想办法解决，能勇敢地坚持自己的意见，表现出了良好的自尊和自主意识。

幼儿发展：

1. 表现与创造

（1）幼儿能选择自己喜欢的活动方式，或单独或与他人相互配合参加表演。

（2）在反复的表演中，幼儿的艺术表现力和创造能力得到了发展，他们能用基本准确的节奏和音调唱歌，用律动和简单的动作表演舞蹈，还能根据自己的节目选择道具和服装等，表达欲望逐渐增强。

2. 动作发展

（1）小舞台的表演形式较多，通过舞蹈、律动、武术、舞龙等活动，发展了幼儿的身体平衡和协调能力，身体的灵活性得到了发展。

（2）表演中，幼儿学会了各种道具的使用方法，在装扮中锻炼了生活自理能力，促进了手部动作的灵活与协调。

3. 人际交往

（1）幼儿的人际交往能力得到了发展。游戏中，多数幼儿能与同伴友好相处，合作表演。遇到冲突时能协商解决，在玩的过程中学会了尊重他人、理解他人，能站在对方的立场做出决定。

（2）每一次站上舞台成功表演，都会让幼儿的自尊、自信意识得到锻炼和发展。

（3）舞台轻松的氛围，让幼儿更愿意与人交往，表现自己。

游戏中，孩子们能够自己想办法解决遇到的问题，在处理与同伴的关系上（交往能力）获得了发展。

教师支持：

（1）在环境设置与材料投放上，为幼儿的表演和创造给予更多的支持。扩大表演区的空间，设置了更衣区、音乐区，让幼儿的体验更多元；在材料的投放上，增加各种道具的数量和种类。如投放的服装有民族服饰、礼服、舞蹈服等。音乐区投放了各种乐器，应孩子的要求，投放了音响设备和音乐U盘。

（2）通过结对、讲故事及与家长交流等方式，促进幼儿的社会性发展。游戏中，孩子的交往能力发展层次不一致，可采用结对的方式，通过同伴带动或同伴间相互影响促进发展；可选择恰当的绘本故事，让孩子们在理解故事中，明白与人交往的方式方法；幼儿表现出的与人交往的方式往往和家庭的影响分不开，对于社会性发展较差的孩子，可以与家长沟通了解原因，因势利导，家园共育。

场景二：小舞台"倒闭"了

3月17日这天，往日辉煌的小舞台"倒闭"了。像往常一样，舞台布置好后，不到10分钟的时间，演员不见了，观众没有了。今天的主持人冠瑞无奈地说："唉！我们的小舞台'倒闭'了。"游戏故事结束后，分享交流环节，我请冠瑞来分享。他指着图中的记录说："我今天玩的小舞台游戏，大家本来说好在小舞台玩的，可是后来都走了，他们都不在这里玩了，没人了，只好'倒闭'了。"

老师："玩小舞台的小朋友为什么都走了？"

冠瑞："我认为有三个原因。第一，小班的弟弟妹妹总是捣乱，抢我们的道具；第二，演员们都没准备好，演着演着没有人上台了；第三，缺个保安，门口要有保安，维持秩序，搭个小门，大家从门里进来。"

老师："怎么才能让演员们按秩序表演呢？大家说一说。"

幼儿："应该制定一个节目单，轮到谁上谁就上。"

老师："很好的想法，谁负责监督执行呢？"

我有意识地把目光投向了很有经验的小文。

小文："可以让主持人喊小朋友上台。"

老师："嗯，主意不错。谁愿意担任主持人？主持人需要做哪些事呢？"

好多小朋友举起了手，但是主持经验显然不足。

我们决定和孩子们商量一下，举行一个小主持人竞选活动，谁想参加，可以请爸爸妈妈帮自己准备一下。

第二天，班上如期举行了"小主持人竞选"活动，有七八个小朋友参加了竞选，都是有备而来，侃侃而谈，有的孩子还准备了稿子。经过举手表决，博远和一州等4名幼儿当选。下午户外活动开始了，有了主持人后，我们观察小舞台的秩序比以前好了些，但是大家的关注点似乎不在表演上，重点成了维持秩序，而且小演员、小观众都很拘谨，缺少了往日的热闹。小主持人的策略并未得到我们想要的结果。

教师小记：

（1）5～6岁的儿童处在前书写阶段。从小班开始，自主游戏后，孩子们就开始绘画游戏故事。大班的孩子能熟练运用图画和符号表现事物与经历的游戏过程。冠瑞的表征故事线条流畅，能用数字、图画等符号记录、总结自己发现的问题，并结合自己的绘画内容清晰地表达观点和想法。在表现与创造、逻辑思维、书写技能方面都表现出较好的发展水平。

（2）在小主持人竞选中，参与竞选的几个孩子敢于在众人面前讲话，并能有序、连贯、清楚地发言，在倾听与表达方面发展较好。他们能积极参与竞赛活动，不会的愿意主动请教父母，飙戏时表现出了良好的自尊、自信意识。一州和博远的发言针对小舞台出现的问题，提出了自己的办法，有主动承担任务和服务他人的意识。

幼儿发展：

反思总结能力： 当游戏出现问题时，冠瑞能积极分析原因，在这个过程中他的辩证思维能力得到了发展，用图画的形式把想法表现出来，再用语言向大家阐述。这是一个复杂的思维过程，也是一个深入反思的过程。

人际交往： 在校主持人竞选活动中，幼儿表现出了良好的自尊、自信、自主意识。

阅读与书写准备： 绘画表征游戏故事，有助于在前书写阶段培养幼儿的书写技能和兴趣。

倾听与表达： 在游戏的小结点评环节，幼儿愿意与大家讨论分享自己的游戏故事，敢于在众人面前清晰、连贯地讲述，语言表达能力获得了发展。

教师支持：

（1）给予幼儿充分的表征游戏故事时间，让更多幼儿有交流分享的机会。

（2）创设宽松积极的讨论氛围，让幼儿敢说、愿意说。教师在分享的过程中提炼有价值的知识点或经验点引导幼儿分享经验，互相学习。如对于冠瑞提出的舞台"倒闭"问题，可以调动大家积极回应，针对问题出谋划策。

三、教师反思

场景一：

（1）在自主游戏中，由于缺少对幼儿的信任，孩子失去了很多发展的机会。如当幼儿发生矛盾冲突的时候，我们经常会站出来当"法官"，但是评判的点却不一定合适。今天舞龙灯的孩子们用行动告诉我们，遇到冲突时，我们可以退后，给予幼儿时间和机会，让他们自己解决。只要没发生故意伤人事件，就暂且管住自己的手和口，要明白教师的放手与后退也是对幼儿的一种支持。

（2）幼儿的社会性发展主要是在日常生活和游戏中，通过观察和模仿潜移默化进行。《3—6岁儿童学习与发展指南》中指出，组织活动时可以打破班级界限，让幼儿有更多机会参加不同群体的活动。小班幼儿通过观察、模仿大班幼儿，学习和积累表演的经验。

（3）幼儿的游戏来源于生活，是他们生活经验的再现。室内区域与户外活动互为补充，幼儿将室内活动区的经验成功迁移，他们在小舞台上表演得游刃有余。

（4）小文在班上是出了名的"调皮"，但是在组织方面表现出色。他是整个游戏的关键人物，组织活动、舞台布置、管理现场，游刃有余。这让我想到，每个孩子都有自己的发展优势，在日常教育中，要用加德纳的"多元智能理论"指导自己的教育行为，发现每个孩子的闪光点，因势利导，因人施教。游戏为孩子富有个性的发展提供了可能。

场景二：

（1）介入的反思。当游戏失败时教师介入是应该的，但是介入的意图太主观了，我们带着预期引导游戏的进展，让孩子按照成人的设计去做，显然不是"放手"而是控制。在冠瑞分析小舞台"倒闭"的问题时，或许引导大家讨论，共同制定游戏规则更可行。在观察中，教师一定要排空自己，真正放手，做到幼儿在前、教师在后，还要做到耐心观察、仔细分析、审慎介入。

（2）"放手游戏"说起来容易，做起来却很难。改变固有的教育观念，是一项长期而艰巨的任务，要不断学、常反思、多实践、勇改变。

"蜜雪冰城"开业了（中班）

山东省博兴县实验幼儿园　王　芳

一、游戏背景

户外"休闲山庄"一直是孩子们快乐的游戏场，这里有一间美味餐厅，"厨师"在这里炒菜、做饭，"顾客"在这里点菜、就餐，孩子们玩得不亦乐乎。

二、游戏记录

场景一：一起来做冰激凌

顾客多多来点餐说："服务员，我想点一份冰激凌。"服务员依依说："好的，马上就来。"然后把菜单给了厨师坤坤说："客人要点一份冰激凌。"坤坤一愣，看了看菜单，又看了看周围的食材，说："搞错了吧，我们这里没有冰激凌。"服务员依依就跑过去对多多说没有冰激凌，多多就跑到休闲玩具区去玩了。这时旁边的一朵对坤坤说："你可以用沙子做冰激凌！"但

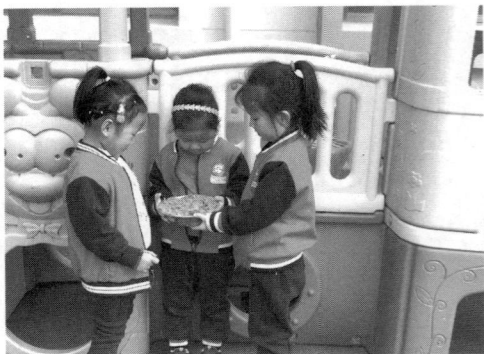

坤坤并没有采纳一朵的建议，而是继续忙着炒自己的菜。

一朵跑到沙池里端来了一盆沙子，对旁边的孩子说："你们喜欢吃冰激凌吗？不如我们一起来做冰激凌吧！"几个孩子抢着说："好呀好呀！"乐乐说："冰激凌做好以后放到哪里啊？"一朵说："我们用这个小滑梯当我们的冰激凌小屋吧，做好了放到上面给大家吃。""冰激凌小屋"就这样诞生了！

教师小记：一朵无意中听到客人要吃冰激凌而餐厅里没有时，她根据自己的游戏经验衍生出了新的游戏——做冰激凌，一个小滑梯就能成为他们的冰激凌小屋。可见，幼儿就是游戏人，哪里有儿童，哪里就有游戏。

幼儿发展：一朵是一个善于解决问题的孩子，已经有了解决问题的能力和一定的合作意识。在整个过程中，一朵结合生活中的具体事物形象发挥想象力制作冰激凌，模拟生活中的场景开始了冰激凌小屋的游戏。

教师支持：游戏中，孩子遇到没有冰激凌时，教师细致的观察和放手是对孩子最大的支持，教师的放手能让幼儿的潜能得到真正发挥。当孩子对一事物感兴趣时，他们会用不同的方式来满足对游戏的需求。

场景二：冰激凌看起来不好吃

不一会儿，冰激凌做出来了。一朵说："看，我做的是水果味的。""我做的是巧克力味的。""我做的是奥利奥口味的，我是用土做的奥利奥碎。"孩子们兴奋地交流着。乐乐说："我们的冰激凌看上去一点儿也不好吃，都没装饰。"没有其他的材料，孩子们只是用沙子做冰激凌，所以看上去不太好看。

教师小记：听到孩子的对话，我在游戏分享环节，让孩子讨论、交流了他们在制作冰激凌过程中遇到的困难。

（1）没有装饰的材料，沙子只能当沙冰和奶油。

（2）工具比较单一，只有碗。

同时我还和孩子们总结、梳理了下次游戏需要的材料。

幼儿发展：孩子们用土当奥利奥碎，虽然用以物代物的办法，但对提升孩子的游戏水平来说相对差一些。幼儿是主动的，他们善于表达自己的意愿，能够把自己的想法大胆地说出来，并希望得到满足。同时又有孩子出来及时大胆地表达自己的想法。这表明孩子在活动中有了共同合作、游戏的意愿，从而表现出了良好的社会交往特性。

教师支持：

（1）看着幼儿对做冰激凌的热情和执着，我深刻理解了适宜的空间和材料对幼儿游戏具有多么重要的意义。

（2）及时对游戏材料进行调整与改善，有效引发幼儿的探究活动，为下一步游戏提供有效的支持。游戏材料由原来单一的沙子增添至数量充足的各种物品（树叶、海洋球、纸碎、水果皮、太空泥做成的水果等），工具也增添了大小各异的杯子、不同颜色的小勺、纸筒等，以满足游戏需求。

（3）在游戏后的分享交流环节，通过让孩子先说、教师在后引导的原则，引发和助推了幼儿的深度学习与游戏兴趣。

场景三：冰激凌卖不出去怎么办

提供新材料和工具后，他们做出了不同口味、不同样式的冰激凌，可是一个客人也没有。乐乐说："你看美味餐厅的人真多啊，我们没有客人，冰激凌给谁吃啊？"一朵说："我们送给老师吃吧。"老师说："谢谢你们送我冰激凌，可是这么多我也吃不了，怎么办？"于是孩子们你一句我一句商量起来。乐乐说："今天我们做的冰激凌免费试吃吧！"我说："这个主意不

错，你们可以试试哦！"于是他们把冰激凌送给美味餐厅的客人免费试吃，在试吃的过程中，有一个孩子说："真好吃，可是你们的冰激凌小屋都没有桌子和休息的地方。"一朵一听："咦，有了，下次把我们的冰激凌小屋重新布置吧！""还可以起个好听的名字。"孩子纷纷发表自己的意见。最后他们还决定给冰激凌小屋起个新的名字"蜜雪冰城"。

教师小记：材料有了，冰激凌也有了新花样，可是没有客人，这是幼儿们在游戏中遇到的新问题。面对这个问题，我并没有组织其他幼儿去买冰激凌，也没有替代他们想办法，而是当他们把目标朝向我时，我通过问题启发引导孩子想办法。我鼓励他们去尝试，一起解决问题，体验克服困难的快乐，也培养他们主动、坚持和乐于创新的学习品质。

幼儿发展：在与同伴卖冰激凌的交流过程中，幼儿大胆勇敢地说出自己的想法，在交流过程中积极想办法解决冰激凌卖不出去的问题，从乐乐提出免费试吃的办法可以看出，她能联系自己的已有经验来解决问题。此时，另一个孩子提出的建议也让他们有了新的收获，找到了解决问题的办法，原来并不是我们的冰激凌不好吃，而是我们店里缺少坐着休息和吃冰激凌的地方。

教师支持：作为教师，我们在孩子们的活动中要支持孩子的发现和分享，耐心倾听孩子的交流，面对孩子提出"免费试吃"的想法，给予及时肯定和认可，鼓励孩子去尝试。同时通过倾听，了解孩子的需求，及时给予孩子隐性的支持，可以带领孩子们观看一些关于冷饮店环境的图片，或带孩子去参观冷饮店，让孩子在后续的游戏中获得更多经验。

场景四："蜜雪冰城"开业了

孩子们根据自己设计的装饰图，摆好桌椅，正式迎来了他们的开业仪式。孩子们聚在一起商量怎样吸引客人。"我们可以发广告，我们可以放鞭炮！""不行不行！"乐乐和一朵共同反对。"现在禁止放鞭炮，会污染环境。""那怎么办？"看到孩子因为放鞭炮的问题陷入困境，于是我

问："除了放鞭炮，有没有其他的办法可以代替？""我见过有的店开业的时候有唱歌、跳舞的。"一朵说道："好呀，我们唱歌、跳舞，也可以用声音代替鞭炮的声音。""叭、叭、叭……"孩子们用他们的语言，一边唱一边跳，吸引了好多客人，小屋里的工作人员忙得不亦乐乎。

这时依依说："你们店里加上果汁大家也许更会喜欢。"听了依依的建议，大家觉得这个主意也不错。孩子们又设计了饮品单，制作了各种口味的饮品。参与游戏的孩子越来越多，"蜜雪冰城"的生意火了起来。

教师小记：在"蜜雪冰城"开业的系列活动中，孩子通过前期遇到的问题，已积累了丰富的游戏经验，让我真正感受到小游戏里面藏着大学问。

幼儿发展：中班的孩子在交往中能接受和认同同伴的建议，也反映出孩子去自我中心的年龄特点。比如，在面对放不放鞭炮这种问题时，孩子们能权衡利弊，果断做出对与否的判断。这些行动支持着幼儿获得更加丰富的经验。

教师支持：虽然在开业环节因为放鞭炮遇到了难题，但如何利用计划丰富幼儿的想法和延伸游戏，是我在这一阶段支持的重点。主要通过追问引发幼儿联系自己的生活经验进行思考。如除了放鞭炮，有没有其他的办法可以代替？这使幼儿开始思考更多的开业细节与办法。追问越细致，幼儿的游戏越丰富、越持久。

三、教师反思

（一）捕捉教育契机，思考游戏衍生的教学

案例中这些不断变化又层层递进的游戏，隐含着诸多原有经验与新经验的提升，通过游戏中孩子游戏意愿、兴趣点及游戏需求的提升，教师更容易发现自己观察的局限性，更容易注意到幼儿与成人思维的不同。幼儿会根据自己的兴趣和需要，以快乐和满足为目的，自由选择材料、自由展开情节、自发衍生内容，以自己的方式来解决游戏中遇到的问题，获得学习品质的发展和生活经验的积累。

（二）聚焦问题和创新点展开讨论，深化幼儿的思考

在幼儿制作冰激凌出现材料不足时，教师引导幼儿通过讨论找出解决问题的多种方法，巩固拓展幼儿的经验，提升解决问题的能力。在游戏中，结合

游戏主题、游戏内容和情节的创新展开讨论与交流，如孩子提出的免费试吃建议，足以看出孩子的智慧，教师顺势而上，聚焦幼儿的创造性思维，激发幼儿的想象力和创造力，提升幼儿的实践智慧。

（三）在解决问题的过程中促进幼儿整体发展

在制作冰激凌的过程中，幼儿不断地遇到问题、解决问题，从而获得多方面的发展。当冰激凌卖不出去时，他们没有自暴自弃，而是把目标锁定于"我"，充分看出遇到困难时，他们善于寻找契机。而我欣喜接受，满足了他们的成就感。通过我的问题启发"这么多冰激凌，我一个人吃不了怎么办"引发他们思考解决问题的能力，为接下来的游戏做支撑。

真正发现，小游戏里有大学问。

虽然只是做冰激凌的一个小游戏，但从游戏中孩子的行为却看出了孩子社会交往能力的提升。游戏是孩子生活的一部分，生活经验更是幼儿游戏的源泉，随着游戏的发展，幼儿不断将自身已有的生活经验迁移到游戏中，解决相关问题，丰富游戏内容。幼儿在游戏中体验粗浅的生活经验，并升华经验，对生活经验进行加工，用于解决实际问题，真正做到了游戏来源于生活而又高于生活。

小一班的"甜品店"（小班）

山东省博兴县陈户镇中心幼儿园　张翠芝

一、游戏背景

幼儿阶段是人社会性发展的重要时期。在这个时期，幼儿学习怎样与人相处，怎样看待自己，怎样对待别人，他们在与同伴进行游戏交往的过程中促进了社会性发展，同伴之间的交往对他们的社会学习有着极为重要的作用。我园沙水区内的蘑菇房是孩子们很喜欢的一个游戏区域，房子内的蘑菇凳、小桶、铲子、沙子以及沙池周边的多种植物资源，为幼儿社会性游戏尤其是角色游戏的生成创造了有利条件。小班幼儿喜欢模仿生活中常见的人物角色和生活场景，他们对角色游戏非常感兴趣；这些角色游戏的生成为他们尽情想象、创造性地玩游戏提供了机会，同时也满足了他们装扮和模仿自己所喜欢的角色的心理需求，为他们逐渐形成良好的社会交往能力打下基础，同时也对他们的身心健康和谐发展起到了良好的推动作用。

二、游戏记录

9月22日，小一班沙水区户外自主游戏时间，慧琳（3岁10个月）、宸妍（3岁9个月）、淑语（3岁6个月）选择了沙水区的小房子。

慧琳："卖好吃的了！卖好吃的了！卖蛋糕了，谁来买啊？"

宸妍："谁要来吃啊？"

"甜品店"里的叫卖声此起彼伏，却无人光顾、无人问津。

老师："有啥好吃的呀，老板？"

慧琳："有很多水果蛋糕，可是现在没有了呀！"

老师："没有了你可以帮我做吗？请问你们这里都有什么水果蛋糕呀？"

慧琳："有草莓的、蓝莓的，还有葡萄的，还有巧克力的，还有芝麻的、馒头的，还有很多水果的！"

老师："有杧果的吗？我要一个杧果草莓的吧！杧果草莓蛋糕可以做吗？"

慧琳："可以！"

老师："多少钱呀？"

慧琳："5块钱！"

老师："5块钱？好的，那我等会儿来取。"

慧琳："行！"

教师小记：慧琳小朋友自9月升入小班以来，不论是在沙水区、骑行区、运动器械自主游戏区，还是室内角色游戏区，都对"卖甜品"这项工作表现出了极大的热情。根据幼儿兴趣自发生成的游戏对于幼儿有着重要的学习价值，作为教师，我们应顺应幼儿兴趣，积极支持、推动幼儿在游戏中的学习与发展。

幼儿发展：慧琳尝试用丰富的语言、抑扬顿挫的语调吸引更多的顾客，她能愉悦地和他人进行交流并清楚地表达自己的游戏意愿，角色意识强；她能根据自己的兴趣选择喜欢的游戏，也很愿意主动做自己力所能及的事情；慧琳对"水果"的认知经验还不够，她将巧克力、芝麻、馒头划归到了水果行列。

教师支持：幼儿的社会性主要是在日常生活和游戏中通过观察与模仿潜移默化地发展起来的，所以，给幼儿创造温暖、平等的生活氛围尤为重要。为了支持幼儿自发性的游戏，教师给予了幼儿更多自主选择游戏材料及游戏玩伴的机会；当看到没有幼儿光顾"甜品店"生意时，教师以"顾客"的身份加入游戏，幼儿在新任务的驱动下，将游戏内容变得丰富。

芮萱（3岁6个月）来到房子跟前，边走边说："我来了，我来（当）老板了！我来坐下了！"

宸妍："先稍微等一等，先稍微等一等。"

　　原本不宽敞的空间因为芮萱的到来变得拥挤，芮萱搬着蘑菇凳边挤边说："我来了，我来做饭了！"她的胳膊挤到了淑语，淑语扭头看了看并稍微调整了一下自己的位置，给芮萱留出了空间，然后继续摆弄装满沙子的小桶，并将在沙池里找到的"宝贝"点缀在小桶上。

　　慧琳："我要提着这些沙子去干活。"

　　芮萱："好。你也去干活吗？"她问淑语。

　　淑语："不干活。"然后边说边走到宸妍的身边，看着宸妍在忙碌。

　　房子因慧琳的离开而有了一定的空间，芮萱坐在蘑菇凳上开始摆弄淑语留下来的小桶。

　　老师："老板，还要等多久呀？"

　　芮萱："一会儿就完成了。"

　　老师："还要等多久呀，杨老板？"

　　慧琳没有回应老师的问题，而是提着空小桶进入房子并愉快地跟大家说："我回来了！"然后提着小桶走出房子并用手将沙子一把一把装入小桶。

　　芮萱问宸妍："你要什么饭？"然后扭头跟慧琳说："我们快烧着火了。"

　　教师小记：小班幼儿喜欢模仿，喜欢承担一些小任务，他们的生活经验往往通过相应的游戏角色得到体现，并且通过和同伴互动及游戏后的分享来提升。游戏中相继出现了"厨师""甜品师"以及游戏后半部分中的"电话联络员"等角色。

　　幼儿发展：慧琳的叫卖声、教师的加入让"甜品店"的工作人员多起来，芮萱出现在游戏情境中。她喜欢和同伴一起游戏，对于加入团队游戏，她有着强烈的渴求，并通过语言清晰地表达出自己内心的想法："我来了，我来（当）老板了！""我来做饭了！"芮萱加入游戏的愿望强烈，较少顾及别人的感受，蘑菇房空间狭窄，芮萱依然挤了进去；当她挤到淑语时，淑语主动调整位置，给她腾出空间。

　　教师支持：当游戏进展顺畅时，教师不随意干扰幼儿的游戏，默默站在幼儿身后，观察幼儿的游戏行为，为他们自主解决问题提供机会。

　　老师："你们过会儿给我打个电话吧。打电话通知我，我来取。"

　　芮萱："行，我一会儿给你打电话。"

老师："那你们需要留下我的手机号码吗？"

幼儿："行。"

老师："我的手机号码是1213，1213。"

淑语指着数字键"3"说："这个！"

老师："你们会打吗？打不了怎么办？你们先打一下，我看看吧。"

芮萱拿过淑语手中的话筒说："我来吧，我来打电话吧。你叫什么名字呀？"

老师："我叫小李。"

芮萱嘴里说着"121……"，随便在电话机上摁了几个数字键。

芮萱："喂，你好呀。"

老师："你好呀。你是谁呀？"

芮萱："我是炒饭的那个人。"

老师："哦，你们是蛋糕店的对吧？"

芮萱："对。"

老师："请问我的蛋糕做好了吗？"

芮萱："没。"

老师："还得等多久呀？"

芮萱："再等两分钟。"

老师："行，两分钟以后你再给我打电话吧。"

芮萱："好呀。"

几分钟后，慧琳将做好的蛋糕送到了老师手中，李老师顺势从口袋里一掏（口袋是空的），往慧琳手中一递，说："5块钱，请收下。"慧琳很高兴地接过钱，随后回到房子里跟别的小朋友继续游戏了。

教师小记：小班幼儿的游戏情节较为简单、零散、随意性强。但我们在这个游戏中看到了慧琳、芮萱、淑语等小班幼儿良好的社会性发展；他们都非常愿意和小朋友一起游戏，愿意主动和自己熟悉的人交流；他们能根据自己的喜好来确定角色、生成游戏，有一定的角色意识。

幼儿发展：芮萱能跟随游戏进度快速调整自己的角色，并对自己的角色任务有明确的认识。当教师询问甜品店工作人员要不要留下购买者的联系电话时，芮萱很快扮演了电话联络员的角色，并用较为恰当的语言和教师进行交流。

慧琳角色意识较强，沉浸在游戏中的她专注、不易被别人打扰；她很愿意主动做自己力所能及的事情，如自己提小桶、装沙子、做蛋糕等，她能把自己内心的愉悦通过快乐的语调及肢体动作表现出来。

教师支持：教师的介入让游戏有了更为丰富的内容，"电话联络员"的角色出现为幼儿创造了更多交谈的机会。新升入小班的幼儿思维方式主要以直觉行动为主，教师创设了拨打"电话号码"的游戏情境，考虑到小班幼儿的年龄特点，号码按照一定的规律呈现，从幼儿游戏行为表现中教师获取信息，为幼儿下一步的学习提供支持。

三、教师反思

今天的"甜品店"游戏是幼儿园沙水区发生的"平常游戏"时刻，在此游戏中，小班幼儿的游戏特点明显——独立游戏居多，合作性游戏较少；他们能根据游戏区内的材料开展主题明确的角色游戏；游戏中有简单的情节，他们能围绕主题情节开展游戏，幼儿的角色意识较强，但彼此之间的互动交流较少；角色的选定与主题游戏的开展反映出了他们已有的社会经验，如他们对水果蛋糕的认知、推销员角色的认知以及电话联络员角色的认知等。

在游戏过程中，我看到了慧琳、芮萱、淑语等小班幼儿良好的社会性发展。他们非常愿意和小朋友一起游戏，能主动和自己熟悉的人交流；他们能根据自己的社会经验创造出更为丰富的游戏情境。同时，我也明显看到小班幼儿社会性发展的个体差异，游戏中的慧琳小朋友在良好社会性上的发展更为突出，芮萱以自我为中心的表现则更为典型，如有冲突的时候不能顾及别的小朋友的感受等。

反思游戏过程、游戏材料及教师支持策略，下一步应加强以下几点。

（一）丰富幼儿生活经验，提升游戏水平

慧琳在游戏中对水果蛋糕的种类表述是这样的："有草莓的、蓝莓的，还有葡萄的，还有巧克力的，还有芝麻的、馒头的"，不难看出，她还不能用准确的语言表达自己的想法，对"水果"不能进行正确分类；号码"1213"，教

师重复了两遍，芮萱在拨打电话时依旧不能准确记住并拨出号码；幼儿在游戏中的角色任务及对话都停留在较低的游戏水平；等等。

通过观察幼儿的游戏行为，我觉得这部分孩子对于游戏角色的认知经验较为缺乏，其语言表达能力及对"水果""数"的认知能力都需要进一步提升。在接下来的生活中，我需要了解更多幼儿在这几个方面的发展水平，通过相应的活动帮助幼儿丰富生活经验。幼儿的生活经验大多来自家庭及幼儿园的学习与生活，因此需要家园携手，利用一切机会引导幼儿多方面地去观察和了解社会生活，丰富他们对周围世界的认知及经验积累。幼儿多接触、多观察、多运用自己已有的生活经验会让游戏更丰富，游戏中也会生发更多的学习机会。

（二）创设温馨环境，提供适宜材料

小班幼儿仍然十分依恋父母和教师，他们的情绪不稳定，行为易受情绪影响，他们的自主性处于初级阶段，在游戏中为他们创设一种能感受到的、有自由选择游戏权利的心理环境非常重要；适宜的游戏材料是优质游戏环境创生的重要因素。两者并行，幼儿才能在积极的游戏环境中获得安全感和信任感，发展自尊和自信，获得良好学习品质的培养。

（三）智慧介入，策略指导

在本次游戏过程中，教师的介入让游戏有了更为丰富的内容，这在一定程度上推动了游戏的进行。但教师提出的问题过于简单，只落脚于任务的提出，并没有真正有效激发幼儿的思考。如果教师将问题设计得更加智慧一些，如教师对预定蛋糕的要求，除了水果种类外，对其材质、形状、大小、厚薄、颜色等提出更具体的期望，相信孩子们在材料的选择、以物代物上会更有自己的想法。

（四）游戏分享，突出核心

小班部分幼儿喜欢以自我为中心，难以顾及游戏中他人的感受，如房子小人多的问题，教师要充分利用游戏后分享环节，请参加游戏的幼儿说一说自己的感受，请幼儿自主商讨遇到这种问题时的解决方案有哪些。

"主人"和"小猫"的有趣生活（中班）

山东省博兴县第一小学附属幼儿园　李顺玉

一、游戏背景

本次游戏案例记录的是幼儿的角色游戏。幼儿园平房空地是园所中较为安静，同时也是孩子们很喜欢的区域，他们投入自己创设的角色，在与同伴的互动中乐此不疲。幼儿园在门口提供的游戏材料有轮胎、呼啦圈、积木、小推车、塑料收纳箱、套脚跳跳球及塑料滚筒等角色道具，孩子们利用游戏材料创设出各种场景，各种各样的角色游戏每天都在这片小小的区域隆重上演。

在不同情景的角色游戏中，孩子们通过互动交流、拓展主题、设计情节、分配角色，共同解决问题，自信心受到了极大的鼓舞。在一次偶然的游戏中，五个女生合作互助的游戏过程，让我印象深刻，十分感动。

二、游戏记录

场景一："小猫"家庭初组成

2021年11月4日下午，又到了中六班孩子们的户外活动时间。来到平房空地，孩子们纷纷选择好自己的游戏材料，在这片小小的区域自发自主地游戏起来。

"啦啦啦啦咿，啦啦啦啦噢，啦啦啦啦哩噢哩哩噢，一只猫两只猫三只

猫……"文文和桐桐一边唱着歌，一边往小朋友较少的空地上搬运轮胎。"今天我们要玩只属于女生的游戏哦！"文文说道。"只有女生哎！哈哈！只有我们女生！"桐桐回应道。两个女生用很快的速度运来了三个大轮胎和三个小轮胎，她们按照一个大轮胎对应一个小轮胎的规律将轮胎移动摆好，然后在原地等待着。这时萌萌和涵涵两个小朋友手拉手从轮胎旁经过，文文连忙挥挥她的小手邀请道："我们在玩只有女生的游戏，你们要不要来？"萌萌和涵涵对视了一下，笑着加入了游戏。萌萌和涵涵各选了一个大轮胎蹲坐在里面，没有事情做的玥玥看到还有一个大轮胎，也坐了进去。看到三个大轮胎中都坐满了小女生，文文说："那我要开始做饭喽。"桐桐伸手指向文文，又指了指自己，说："以后我们就是你们的主人了，要听话哦，可爱的小猫。"这时，三只"小猫"发出"喵喵"的叫声。三只"小猫"、两个"主人"组成了一个"家庭"。

场景二：三只"小猫"共进午餐

"喵喵，我饿啦我饿啦！""小猫"萌萌喊道。"饭菜马上就好，三只小猫好像不够吃呀，我们再去找点食物吧。"文文拉着桐桐的手一起往积木柜跑去，她们来回跑了三趟，运来了很多积木，桐桐把运来的"食物"分别放在三个小轮胎里，用手"翻炒"着。这时，涵涵嘀咕道："吃饭没有桌子多不方便。"说完，她拿了一块三角形积木放在轮胎上："这当小桌子正合适！"玥玥和萌萌看到了，也赶忙找来相同的三角形积木当餐桌。桐桐在每只"小猫"的桌子上摆上了"半圆形面包"和"多种形状的饼干"，文文给每只"小猫"发了"圆柱形牛奶"，"小猫"们大口吃起来，文文还不忘过去喂一喂"小猫"萌萌，告诉她"一口面包，一口牛奶，才不会被噎到"。

场景三："小猫"在睡觉

"喵喵们，你们休息吧，我去刷盘子。"文文对三只"小猫"说道。"那我哄小猫们睡觉。"桐桐说。"可是没有床呀。"涵涵皱着眉头说。"没有床就不用睡觉啦。"玥玥边说边跑出去玩儿了。萌萌笑着说："小猫睡觉是趴着的，不用床，你看！"萌萌边说边弯曲身体趴在吃饭的三角形"桌子"上，接着，涵涵也学着萌萌的样子，趴在"桌子"上轻轻闭上眼睛。"我的小猫可真听话！"桐桐笑着说道，"睡觉安安静静，闭上眼睛想些开心的事情，做个好梦吧！"

场景四："小猫"逛公园

"小猫"玥玥出去跑了一圈，但很快就被"主人"桐桐追赶了回来。"我想出去玩儿，在家里太无聊了！我想去公园里玩，喵喵！"这时"小猫"涵涵站起来也要出去。文文和桐桐说道："不如我们带上'小猫'一起去公园吧。""我不想去，我想在家里。""小猫"萌萌说。文文轻轻摸摸"小猫"萌萌的头说："那你在家乖乖的。"桐桐摸摸她的脸说："谁来都不要开门，我们一会儿就回来！"

两个"主人"和两只"小猫"出发了，她们来到了李馨小朋友拼搭的"呼啦圈公园"跳了会儿呼啦圈，接着又到由木板和轮胎搭成的"滑梯"上玩了会儿"滑滑梯"。"'小猫'萌萌还自己在家呢，我们回去吧。"桐桐说。"好的。"文文随手捡起地上的呼啦圈说："给'小猫'带个项链礼物回去吧。"于是文文给每只"小猫"的脖子上戴上了"呼啦圈项链"。

场景五："小猫"洗香香

2021年11月5日，"小猫"的游戏在平房空地上继续上演。这一次，轮胎被其他小朋友先选走了，三只"小猫"没有了家，玥玥找来了一个大号的白色塑料箱，这个箱子是存放玩具用的。"老师老师，我们可以到这个箱子里坐着吗？保证不会弄坏！"玥玥问道，我点点头答应了。"小猫"萌萌、玥玥、涵涵蹲在白色塑料箱里，只露出脑袋，小手扒住塑料箱边缘，笑得很开心。文文和桐桐时不时蹲下去摸摸"小猫"的脑袋。听到笑声，正在玩套脚跳跳球的飞鸿跑过来："你们是在箱子里洗澡吗？""额，对呀。"文文停顿了一下赶紧回应道，她顺手接过飞鸿的另一个套脚跳跳球，把套脚的圆圈举高当"淋浴"，给"小猫"洗澡。"哎呀，你都把水浇到我脖子里了。""哎呀，你浇到我眼睛里了！""哈哈，我的耳朵里也有水。""哈哈哈哈哈……""小猫"和"主人"开心地笑着。

场景六：多米老板来卖鱼

"老师，我们在卖鱼，你要不要来买一点？"多米跑过来邀请我。我问道："你卖的鱼新鲜吗？""刚从河里捞上来的，可新鲜了。""小猫"涵涵听见了，说道："我也要吃鱼，喵喵。""我也要！我也要！"玥玥和萌萌说。"小猫最喜欢吃鱼，那我们一起去买一些吧！"桐桐说。多米把

平台上所有已经损坏的扁扁的呼啦圈收集在一起当鱼卖，三只"小猫"现场就吃起来。"太美味了！""小猫"萌萌说。"小猫"的光临吸引来了更多"顾客"，多米老板笑得合不拢嘴。

"小猫"的游戏还在继续……

教师小记： 当游戏中文文发现伙伴不够时，敢于直接邀请路过的萌萌和涵涵加入自己的游戏，"我们在玩只有女生的游戏，你们要不要来"；当玥玥因没有伙伴而漫无目的地游荡时，敢于主动坐在轮胎中加入游戏当"小猫"；当吃饭没有桌子时，涵涵嘀咕道："吃饭没有桌子多不方便。"涵涵动脑筋以物代物，用三角形积木当桌子，还说"这当小桌子正合适"；当第二次游戏没有材料轮胎时，玥玥选择用收纳积木的白色塑料箱当浴池……孩子们面对问题，都能够积极主动地调整游戏并不断尝试，在这一过程中，他们解决问题的能力及思维的灵活性都得到了充分的体现。

游戏家庭成员初组成时，桐桐进行了角色分配，"我要开始做饭喽""以后我们就是你们的主人了，要听话哦，可爱的小猫"，以及后边游戏中出现的"喵喵们，你们休息吧，我去刷盘子""我的小猫可真听话""睡觉安安静静，闭上眼睛想些开心的事情，做个好梦吧""谁来都不要开门，我们一会儿就回来"等环节，可以充分看出幼儿完全是一副"大人"的模样，把自己的生活经验迁移到游戏中来，而且语言表达能力和领导能力有了初步的体现。

幼儿发展： 在整个自主游戏过程中，孩子们积极投入，自发主动。在一次次的发现问题以及解决问题的过程中，语言表达、交往、表征等方面都得到了很好的提升，一次次放手和静心观察，让我看到了不一样的儿童。

教师支持： 在集体教育活动前，我给幼儿分享了"三只小猫"的律动，歌曲很欢快，动作很可爱，孩子们觉得很有趣，也非常喜欢。所以，文文和桐桐把小猫角色代入游戏中，进一步感受和小猫在一起的快乐。游戏与日常的实际生活紧密相连，如吃饭、睡觉、逛公园等能够反映幼儿的真实生活，游戏过程中我发现了幼儿对自身生活经验的迁移，通过在游戏中还原这些场景，并且认真旁观幼儿的游戏，在关键之处进行简单的问题引导，让幼儿开启了有效的学习和思考，实现了游戏促进学习和发展的价值。

三、教师反思

（一）对表现突出的幼儿给予更多鼓励、信任和放手，发挥他们在群体中的带动作用

每个班级都会有几个像文文这样具备"组织能力"的幼儿，他们有的有组织领导能力，有的特别有想法、有创意，有的特别大度、忍让和坚持……教师可在平时的生活中，或游戏后的分享交流环节给予他们肯定和鼓励，以此影响和带动其他幼儿。同时，在游戏活动中可对他们更信任、更放手一些，让他们充分地去展现和表达，从而得到更充分的发展。

（二）分享经验，提升幼儿的游戏水平

教师梳理游戏中的问题与矛盾，以及幼儿通过交流、合作找到解决问题的办法，这些经验对于其他孩子有较大的借鉴意义和价值，因此教师可以在分享交流环节请这几个孩子分享他们的经验和体会，以促进其他幼儿游戏水平的提高。

（三）教师的榜样示范作用

孩子们在游戏当中把角色"小猫"与自己的一日生活相联系，一日生活中孩子呈现出来的每一个环节，都渗透着教师对他们的科学指导。这些细节在孩子的角色游戏中表现得淋漓尽致，所以孩子也是教师的一面镜子，我们要时刻规范自己的言行，为孩子树立好的榜样作用。

教师成长篇

　　本篇汇集的这些教师的个人成长故事，那一行行文字展现了教师自身保持成长的状态。通过学习、追问与反思，我们成为内心丰满的人，在教育中释放属于自己的那道光。静下心来从实践中找到那份职业尊严，经过不懈努力达到教育理想的追求，实现为党育人、为国育才的向往，用一次次的使命担当，找到属于自己的教育信仰，完成教学困境中的嬗变，化茧成蝶，从而成为幸福而坚定的教育工作者。

观察成就更好的自己

山东省博兴县陈户镇中心幼儿园　张翠芝

观察能力是幼儿园教师的专业核心素养，在学前教育备受重视、游戏备受重视的今天，对幼儿教师的专业素养有了更高的要求：教师不仅要会观察幼儿，还要对幼儿的游戏行为进行分析解读，更重要的是能够在观察、分析的基础上为幼儿提供有效的支持。对于参加工作23年的我来说，2014年是一个分水岭，之前的15年，头脑中缺少对"游戏""观察"这两项工作科学、系统的认知和研究；从2014年开始，"安吉游戏"走进我的视野，所有的际遇让我从意识层面、实践层面认识到游戏的重要性；更有幸的是，从这一年开始，我有机会追随白桂云老师带领的县名师教研团队的步伐，从开始研究观察记录存在的共性问题、儿童行为观察案例，各领域活动中儿童行为的观察、解读与评价，一直到如何通过观察推动幼儿游戏的发展，白老师带领我们一步一个脚印，由浅入深，一个个生动的案例不断重塑着我们对幼儿游戏行为观察工作的认知，一次次有效的教研帮助我们重构了自身的儿童观、教育观，她启发、引领着我们将意识层面的认知真正践行到了自己的工作中。回首自己的专业成长之路，一路荆棘，一路繁花，虽坎坷难行，却因团队的陪伴而花香四溢。

一、无缘识得真面目——专业迷茫的东拼西凑期

在跟随白桂云名师工作室教研团队更为核心地接触"观察"之前，我对"观察"的认识是很零星的碎片，那时缺少更为专业的理念引领，园里更是缺乏为我们提供理论支架的团队。虽然我们也会努力追随幼儿的兴趣开展一些生

成课程，但更多的课程生发点是教师带着幼儿在户外环境中寻找到的一些他们感兴趣的资源，如蜗牛、知了、西瓜虫，还有幼儿园里的各类野菜等，我们根据这些资源设计了相应的活动课程。当时感觉走的路挺对，但现在回头看，做了太多华而不实的工作，那些生成课程如同一盘盘水果拼盘，看起来什么都有，想想又什么都缺，缺方向、缺研究，尤其缺少活动中教师深入的观察、评价以及后续的反思与支持，教师的浅尝辄止导致幼儿的学习和探究犹如蜻蜓点水般仅仅停留在了活动的表层。

二、乱花飞入迷人眼——"游戏"与"观察"渐入视野期

2015年1月的安吉之行让我重新认识了游戏的价值，并开始反思我园的问题出在了哪里，也开始思考什么样的游戏才是真游戏，清楚了我们下一步要努力的方向。从安吉回来后，我带领教师们一遍遍研磨安吉的户外游戏环境，这让我们对幼儿园的户外游戏环境创设有了更为清晰的认识和构思。随着我园户外自主游戏区的逐步完善及材料的不断投放，我们"观"到了很多问题：幼儿对教师投放的材料不感兴趣、游戏材料乱扔乱放现象丛生、活动区的合理划分与使用、游戏区多长时间轮换一次、如何筛选有价值的园本教研主题等。回想起来，那时的环境已经迫使我们不得不开始做"观察"这项工作。囿于专业水平，我们仅仅"观"到了如此多的问题表象，却没有"察"到这些问题背后的本质，问题和困难接踵而来，我们没有能力追根溯源，更没有能力去有效解决这些问题。

三、追根溯源觅众长——聚焦观察，专业成长追随期

2017年春，白桂云老师负责的名师工作室正式成立，我有幸成为追随者之一。在她的组织带领下，我们开始将目光聚焦在教师的核心专业素养——观察能力的培养及提升上，撰写案例、经验分享、思维碰撞、反思梳理，研学并进的名师工作室活动让我对"观察"工作有了更为精准的认识，而这也成了解决我们幼儿园户外自主游戏开展所遇问题的根本抓手。

"是的，儿童观察记录是艰苦的，但却是值得做的！我会花时间在这上面，因为我很清楚，自己通过观察记录是可以非常清楚地了解儿童的！"在一

次教研活动中，白老师和我们分享了《聚焦式观察：儿童观察、评价与课程设计》里的一段话，同时她把这本书郑重地推荐给了工作室的所有成员，也正是这次教研活动中白老师对观察工作的价值及其重要性的解读，让我下定决心回到单位必须做两件事：一是购买《聚焦式观察：儿童观察、评价与课程设计》，带领教师共读、共学、共研；二是让自己每周都有静下心来去观察幼儿游戏的时间，每次不能少于20分钟，保证能和班级教师的观察同频对接，让名师工作室教研活动的引领真正落实到我园的教研活动中，将《聚焦式观察：儿童观察、评价与课程设计》这本书的理念及有价值的做法践行到我园班级游戏活动的开展中。

四、小荷才露尖尖角——"观察"带来的教育行为转变期

在白桂云名师工作室的专业引领下，我带领教师团队从游戏观察入手，通过思考和分析幼儿的游戏行为，努力寻找幼儿游戏行为背后的原因及有可能产生的学习。"观察"让我们发现了不一样的儿童，让我们看到了他们的学习能力和探究能力，更让我们感受到了游戏给他们带来的自由、自主、创造和愉悦！在这样的实践过程中，我们教师团队的儿童观、教育观悄悄地发生着变化：教师们开始真正明白游戏和生活中的点点滴滴都是宝贵的课程资源，我们要做的是为幼儿提供自主学习的环境、时间、机会和材料，教师要支持幼儿自主探究和自发学习！自主游戏不是教师全部放手，而是教师的支持变得更隐性了，教师的思考更多了，教师的观察更精准、更有实效了！

很庆幸遇到白桂云名师工作室这样一支教研团队。她是导师，当有需要时，她就在那里，随时给予我无私的帮助；她是灯塔，当我迷茫时，随时为我指明方向……在她的指引下，我写的游戏案例"独木桥的故事"（2020年）、"小一班的'甜品店'"（2021年）分别荣获博兴县学前教研成果展评一等奖；我带领团队申报的课题"幼儿园户外自主游戏与教师专业发展的实践研究"已顺利开题，其中对教师专业发展核心素养的研究就是围绕教师的观察能力展开的。也是在她的启发下，我有机会回过头去认真梳理这些年来的所学、所思、所获。

观察，一项非常专业的工作，很苦、很难，如同书中所说："儿童观察记录是艰苦的，但却是值得做的！"因为观察让我有机会成为孩子们更好的朋友，也让我有机会成就更好的自己！

牵着蜗牛去散步

山东省博兴县曹王镇中心幼儿园　曹晓芳

我加入白桂云名师工作室已有一年多时间，由最初的迷茫、彷徨、不知所措变成了现在的坦然、期待。在这一年的时间里，每次的教研主题都是围绕观察和解读儿童游戏行为进行的，我已从一无所知到懵懵懂懂再到现在能写出一篇比较完整的游戏故事案例。虽然写的游戏案例可能不太成熟，我成长的过程也如蜗牛爬行般缓慢，但是回头看看自己走过的路，还是很欣慰，因为我在成长、在进步。我感觉，在名师工作室的引领下，只要我坚持不懈，总会有破茧成蝶的那一天。

一、初次学习游戏故事案例

2020年11月，博兴县"三名工程"人选到潍坊进行了为期四天的跟岗培训学习，在此期间，学习到了潍坊幼儿园教师为我们分享的游戏故事案例。这是我第一次正式接触游戏故事案例，当时还感觉游戏故事案例不难写。

二、出师不利，猛然醒悟

2020年底，各小组进行年度考核，考核现场，放了两段视频，我选择了视频《冰雪奇缘》以观察解读幼儿行为。我是1号，在我现场解读完以后，静下心来倾听其他教师的解读时，才感觉到游戏案例解读不是我想象中的那么简单，也感觉到了自己与他人的差距。通过当天的考核，我意识到，我应该好好学习了。这时，我加入了白桂云名师工作室。

三、名师引领，转变理念

在名师工作室一年中，参加了数次教研活动以后，我对观察解读孩子行为有了更深层的认识。作为一名教师，除了为幼儿创设游戏环境、提供游戏材料，我还肩负着重要的责任，即观察和研究幼儿。《幼儿园教师专业标准（试行）》对教师作为观察者提出了要求："掌握观察、谈话、记录等了解幼儿的基本方法和教育心理学的基本原理和方法。"在教育活动中观察幼儿，根据幼儿的表现和需要调整活动，给予适宜的指导。"有效运用观察、谈话、家园联系、作品分析等多种方法，客观地、全面地了解和评价幼儿。"可见，观察了解幼儿是对幼儿教师的专业要求，同时也是幼儿教师的重要工作内容。

四、理论学习，实践运用

教育理念的转变很容易，具体操作却是一个艰难而漫长的过程。观察什么，如何观察，针对孩子的行为如何做专业的分析等问题困扰着我，不知道该从何入手。首先是观察什么的问题。观察，不是随意地看，而是研究幼儿的一种专业方法和专业能力，教师需要通过专业的学习和训练才能获得。其实平时在工作中，我也会经常观察孩子的行为，但是因为带托班，关注点相对于其他年龄段的孩子来说，有些偏重于如孩子们吃饭如何、睡觉如何、情绪如何、垃圾是否扔到了垃圾箱、是否有攻击行为、安全意识如何等方面的内容。近一年的时间，在名师的引领下，我利用课余时间，阅读了相关书籍，并把理论知识运用到了教学中。现在我把更多的关注点放在了孩子们的游戏上，从孩子在游戏中的兴趣与专注、游戏水平、在社会性方面的表现、在想象力和创造力方面的表现四个方面对孩子们进行观察。在做观察记录时，我会根据具体情况，使用扫描法、定点观察、追踪观察等方法进行。针对孩子年龄小、注意力转移较快、游戏持久性较短等问题，我一般会用视频或照片记录孩子的游戏过程。记录孩子的表现，描述他们的行为过程并不难，难就难在针对他们的行为，如何进行专业的解读。反思了一下，我最初解读孩子行为发现的问题有两个：一是没有围绕观察需要达成的目标和解决的问题进行分析，内容堆砌了很多文字，但是肤浅苍白，缺乏重点和针对性，这样的分析很难为后续推动幼儿发展提供有效的依据；二是在分析和解读幼儿游戏的过程中，由于相关专业理论的缺乏，导致分析流于表面，不能很好地把握幼儿的心理特点，不能找准幼儿行为背后的深层次原因，从而无法针对观察结果制定切实有效的支持策略。所以，要想正确解读孩子的行为，我最需要做的就是做好专业的准备，最好的途径就是读书。为了让自己提升得更快，我购买了一系列书籍：《3—6岁儿童学习与发展指南》《〈3—6岁儿童学习与发展指南〉案例式解读》《自主游戏成就幼儿快乐而有意义的童年》《幼儿园户外环境创设与活动指导》《幼儿园自主游戏观察与记录——从游戏故事中发现幼儿》《幼儿园自主性学习区域活动指导》《从头到脚玩绘本》《儿童发起的游戏和学习》等。可是，当我面对这么多的书籍时却感觉无从下手，最后决定精读一本书，即《自主游戏成就幼儿快乐而有意义的童年》，一边读书，一边实践，在了解了一些理论知识的基础上，通过观察、分析、反思，再观察、分析、反思，不断循环，提升我的分析能力。在精读一本书的同时，我也在研读《3—6岁儿童学习与发展指南》，该指南全面、系统地阐明了3～6岁幼儿在健康、社会、语言、科学、艺术五个领域的发展目标及每个目标的典型行为表现，帮助我了解了每个年龄段幼儿大致的学习与发展水平、行为特点，为分析幼儿提供了直观的参照和依据，也成为分析幼儿游戏行为的有力抓手。

很荣幸，能够成为白桂云名师工作室的一名成员。每次教研，我都很期待，因为在那样一个宽松的学习氛围中，有专家级的名师，每次都有一种"听君一席话，胜读十年书"的感觉，更有教学经验丰富的教师们，聆听他们分享的内容就是学习。这些都激励、指引着我前进。我正走在成为名师的道路上，任重而道远，但我会一步一个脚印，踏踏实实地为成为一名名副其实的名师而努力。

观察助力成长

山东省博兴县实验小学附属幼儿园　曹怀香

户外场地上，一群小男孩正在搬动长长的梯子，想要把它搭在摇摇晃晃的摞起来的轮胎上……

10年前的我，看到后会立即跑过去制止他们的危险行为，监督他们拆掉摞起来的轮胎。

5年前的我，看到后会上前帮助他们一起加固轮胎，把梯子安全地搭在轮胎上，帮助他们完成心中的想法。

3年前的我，看到后尽管心中紧张，还是会努力管住自己的手，管住自己的嘴，留给他们探索的空间。

今天的我，看到后会认真地观察，用手机记录下他们的游戏行为，通过分析他们的游戏过程，解读他们的发展需求。游戏结束后，我会邀请他们分享自己的游戏经历，针对游戏中遇到的困难，请他们一起想办法提出解决方案，在反复实践中，帮助他们收获真实的成长经验。

十几年的工作经历让我深刻认识到，作为一名幼儿教师，我们要履行保育和教育孩子的重要责任，就需要不断了解孩子。观察是了解孩子首要的，也是最重要的手段之一。科学的观察可以帮助我们更好地了解孩子们的能力、兴趣和需要，发现他们之间的个体差异，探究他们行为背后的意义。但观察是了解孩子的途径而不是教育的最终目的。我们必须敏锐地观察幼儿，严谨地分析他们的行为，如此才能对他们进行适时、适当的指导。

一天早晨，晨检的时候，我发现两位小值日生正在帮孩子们将接送卡挨个放回卡袋，但是他们没有像往常那样来问我这是谁的接送卡。难道这两个孩子认识所有小朋友的名字？我好奇地在一旁观察。小男孩指着一张接送卡给小女孩说："看，这里有个'天'字，肯定是王晓天的，放在这里。"小女孩指着一张卡说："我认识这个李，那这个卡是李奕贤的还是李沐依的呢？"小男孩凑过去看了看说："李沐依的，你看最后那个字里有个衣服的衣，肯定是她的。"还剩下几张，他们拿在手里好久都没有放回去，估计是名字里没有认识的字，我等着他们来求助我。然而并没有，小男孩拿着卡来到几个空着的卡袋前挨个比对，最终将接送卡都送了回去，我悄悄走过去一看，完全正确，于是对着他们竖起大拇指，他们"骄傲"地笑了。

晨读时间，我和孩子们分享了两位值日生放接送卡的事情，请他们讲述是如何操作的，他们得到了同伴们的掌声，非常开心。我请小朋友们思考，怎样才能又快又准确地将接送卡放到对应的卡袋里，孩子们都很有自己的想法。我鼓励他们根据自己的想法找到合作伙伴，一起来探索关于名字的秘密，最终我们一起开展了"名字的故事"这个项目活动。孩子们在这个活动中收获的不仅仅是对名字的兴趣，他们的观察能力、分类统计能力等都得到了很大程度的提升，而他们对中国汉字的研究兴趣也空前高涨，教室里每天都会传来"说文解字"的旋律……

类似的故事每天都在上演，正是在这样的活动当中，我慢慢走近了孩子，了解了他们的所思、所想、所为，真正走进了他们的童心世界。留心观察带给我许多惊喜，也带来了许多困惑，我不知道应该在怎样的节点为他们提供怎样的帮助，才能助力他们收获更多。意识到这个问题后，我迫切希望自己掌握更多的教育理论，学习成功的教育经验，于是我找来各种专业书籍阅读，关注一些高质量的公众号，从多种渠道汲取支撑我提升的力量。

一方面是专业书籍，我阅读了《发展适宜性游戏》《幼儿行为观察与记录》《卓越教师的专业修炼》等书，并坚持每周写读书笔记；另一方面我还时常关注一些优秀的公众号，如"西湖幼儿研究""新多元""绘本学堂"等，在他们的公众号推文里，我看到了很多优秀的课程，开阔了眼界，为自己带领孩子们开展课程储存了能量。

我还发现，在学习强国平台的教育板块下，有一个"亲子教育"，里面有很多很好的内容，如《和大师一起学画画》《科学小游戏》《音乐律动》等都很适合我们使用。对于这些高水平的教学内容，我经常拿来和班里的孩子们一起观赏、学习，拓展了孩子们的视野，也弥补了自己的一些教育短板。

在成长的过程中，我珍惜每一次历练的机会。在2021年的游戏实验区交流中，我汇报的"放手游戏，遇见最美童年"获得教师们的一致好评。在游戏案例汇报中，我汇报的"探秘陀螺"荣获一等奖。聆听了其他教师的汇报以后，我看到了我们学前教育教师们的活力与激情，他们也感染、激励着我勇敢向前。

成长是一个不断自我反思和自我建构的过程，在这个过程中，我要继续加强理论学习，掌握科学的观察和记录方法，还要在实践中多结合理论进行分析和解读，这样才能深刻理解幼儿的游戏，把握好搭梯撤架的时机，做出智慧的决策。

读懂幼儿，丰盈自己

山东省博兴县第一小学附属幼儿园　贾卫卫

随着当今信息时代的飞速发展，人们对于幼儿教师的专业性要求越来越高。通过近几年的不断培训与学习，我也更加深刻地认识到具有良好专业素养的重要性与必要性。幼儿教师的专业性意味着素质的全面提升和个人潜能的充分发挥，幼儿教师专业成长是在其职业生涯中习得幼儿园教学的专业知识与技能，内化幼教专业规范，形成幼教专业精神，表现专业自主性并实现专业责任的历程。为此，教师在学习专业知识与技能的过程中，观察儿童、发现儿童、评价儿童是其总结与提升教学经验的必要手段，教师只有通过了解和解读幼儿的行为，才能看到真实的儿童，从而对自己的教育教学行为做出正确判断，更好地助力幼儿发展。

一、在"观察"中走进儿童的世界

在我个人的专业成长过程中，学习对幼儿的"观察"起到了至关重要的作用。观察幼儿是幼儿教师工作的基本内容和基本要求。教师想要了解幼儿，那么观察幼儿就是收集幼儿信息最好的方法。记得在刚刚接触"观察"这一名词时，作为一名带班教师，我首先的感觉是：每天和孩子在一起，吃喝拉撒什么环节都不落，还有什么需要观察的？观察有什么用？能帮我管住孩子吗？真正对"观察记录"这一名词上升到理论层次的认识是在一次上海之行的培训学习中。当聆听专家用理论加案例的细致讲解时，我顿时感觉打开了自己工作十几年的一个瓶颈，原来我一直是在看孩子，而没能用专业的知识与科学的方法引导孩子。想要真正了解孩子，不只要"观察"，还要"记录"，更要"反思"。

在进行观察与记录的实践过程中，我深刻地感悟到，观察记录的过程本身就是对教师专业理念、专业知识和专业技能的一种挑战，而正是这种挑战为幼儿教师的专业成长铺平了一条道路。幼儿观察记录是基于幼儿一日生活活动去观察记录，是基于幼儿五大领域的发展去观察记录。所以，教师在撰写观察记录的过程中，首先要将不同年龄段幼儿的身心发展目标与要求熟记于心，而《3—6岁儿童学习与发展指南》给了我很好的指导，学习与熟读《3—6岁儿童学习与发展指南》成为我初步学习观察和撰写记录时的第一任务，也让我从此更加走近儿童。

二、在"记录"中了解真正的儿童

在多次观察后，"如何记录他们"一度成为困扰我的一个难题。刚开始时我自以为是地用"我认为"的方式来记录他们，但一段时间过后我发现我错了，有时孩子们并不是我想象的那样。慢慢地，我认识到幼儿活动过程的记录要尊重事实，对于幼儿活动中的行为表现及评价，教师不能只通过一次的现象得出某种结论，必须经过一段连续性的观察才可以。

我们在观察幼儿活动的过程中，要学会耐心等待，不急于指导，不急于介入。先听幼儿会说什么、做什么，去认真观察，尝试了解幼儿的意图，而不要急于指导，剥夺幼儿主动表达和学习的机会。教师想要真正去了解一个孩子，就要对这个孩子进行持续的、有计划的观察，逐渐形成观察和记录的习惯，如此才能尝试解释幼儿行为背后的原因，从而得出一个可靠的结论。那么在这个过程中，我们对待工作、对待幼儿、对待教育的态度也会随之改变。

三、在"评价"中发现儿童的不同

在对幼儿行为进行分析评价时，我们首先应该认识到幼儿游戏的价值，虽然是一次简单的、幼儿自行发起的自主游戏，却涵盖了幼儿各方面的发展。

如教师通过观察幼儿走、跑、跳、爬、攀等大肌肉运动和穿、插、捏等小肌肉运动，可以推断幼儿的力量、耐力和灵敏程度，身体的平衡能力以及感统协调能力的发展，等等。

通过观察记录分析幼儿社会领域的学习与发展情况，进而有针对性地对幼儿进行引导。对幼儿科学领域学习与发展的观察记录，有助于教师对幼儿的认知水平和思维发展水平有更加深入的了解，掌握幼儿的个别差异，有针对性地指导幼儿活动。

观察记录幼儿多样的艺术表现形式，给幼儿以充分的想象和自由创造的空间，尤其对幼儿作品进行评价，鼓励幼儿大胆表现，给予幼儿积极的鼓励和肯定，从而使幼儿在艺术领域的发展更具个性和创造性。

观察记录让我们在儿童的游戏中看到他们的个体差异，发现每一名幼儿都是独立的个体，他们在不同时段都会有自己的变化，也让我更客观地认识到幼儿的"不同"。在撰写观察记录的过程中，我不仅进一步深入了解了幼儿，同时对自身专业发展也具有重要的意义。

四、读懂儿童，丰盈自己

教师的成长遵循着意识—习惯—态度—行为的转变规律。事实上，我们在观察孩子的同时，自己也在不知不觉中进步和发展着。

在精心观察孩子们游戏的过程中我更加深刻地感受到，孩子们的世界拥有一百种语言、一百种可能，更有一百种意想不到……我们要给孩子们时间，让他们按自己的节奏来做事情。

在孩子们专注投入游戏的过程中，我们会发现每个孩子身上都有闪光点。外向的孩子善于与同伴交流，充当游戏中的指挥者；内向的孩子会专注游戏的过程，充当游戏的实践者。往日的"调皮蛋"没有工夫再到处捣乱，因为此刻他正忙着，平日不怎么善于交流的孩子也正兴奋地与同伴说着他的新发现呢。所以，当孩子们在"真游戏"的时候，我们才会发现"真正的儿童"。

幼儿园中孩子们的"真游戏"首先来源于教师的支持，而教师的实践支持则来源于理论的提升与行动的转变。因此，首先，我们必须了解儿童，了解他们的发展所需与特性和特点。其次，我们要大胆尝试向儿童学习，学习他们对万物的好奇心与探索欲望。最后，我们还要有善于总结梳理的能力，从而提升自身的组织与实践能力，推动幼儿游戏的进程与发展。

悉心观察，感受成长的快乐

山东省博兴县实验幼儿园　李少洁

每个人对快乐的感受是不一样的，有的人听到一句赞美的话感到快乐，有的人享受到一顿美食感到快乐，有的人得到一件美丽的衣裳感到快乐，学步的孩子会为自己走上了几步感到快乐，活泼的孩子会为痛痛快快地玩感到快乐……在幼教事业迅速发展的今天，家长与社会对每一位幼儿教师都提出了更高的要求。在重重的专业成长要求的压力下，许多教师经常感到工作中的"不快乐"，甚至在工作中出现各种倦怠。作为一名工作了20多年的幼师，工作中的烦琐事务虽有时让我愁眉不展，但多年生活在这群淘气活泼的孩子中间，除了积极的心态外，有一个方法让我受益匪浅，那就是——观察！只要运用好这两个字，可以说只要你想，许多难题便会迎刃而解。

一、用心观察，让自己快速了解孩子需求、走进孩子心灵

接手小班，我迎来了一位"特殊"孩子——嘟嘟。入园的前两天，除了喜欢坐在门口的椅子上不说话、不乱动外，没有看出他有多少不同。但是一两周后，班里孩子们逐渐适应了幼儿园生活，我却感受到了嘟嘟的异常：当教师把他放在门口的椅子搬到小朋友中间时，他会快速地把椅子搬回门口原来的位置；当教师征求他的意见如是否跟小朋友玩耍时，他总是用纯净的眼神来回应我们；当教师询问他是否大小便时他总是摇头，一会儿却尿了裤子……在观察到孩子的异常行为后，我们及时与家长进行了沟通并拿到了齐鲁儿童医院先天性发育迟缓的诊断结果。我们并没有因为班里孩子多、工作量大而忽略嘟嘟，

而是用更多的时间和耐心去观察、照顾嘟嘟。两三周后，我们也成了最熟悉嘟嘟的家人，如他什么眼神是想喝水、什么动作是想如厕、发出什么声音是高兴等，我们都了然于胸。在我们的细心观察照料和家长的配合下，一学期的时间里嘟嘟各方面都有了显著提高。而我们在收获到嘟嘟亲近感的同时，也得到了家长的感谢和称赞。

二、观察记录，让我们从点滴中了解孩子，推动孩子的发展

会观察是幼儿教师最基本的素质，只有通过观察，教师才能了解孩子现阶段的发展水平，才能根据他们的实际水平提出有针对性的策略，从而推动孩子们在游戏上的发展。

可乐是个白白胖胖的可爱小男孩。但刚入园时，他在班里总是乱扔玩具、推倒椅子、横冲直撞，尤其喜欢在院子里跑来跑去，叫也叫不住，老师越追他越兴奋，侥幸追上时，他就躺在地上，并在老师试图抱起他的时候使上"千斤坠"，每次都会把老师整得满头大汗……起初，我们认为他只是新入园反应，但是在院子里"追"了一个多月后，这种情况依然没有改善，感觉到可乐的不同后，我开始腾出时间观察他。

一天早上，可乐来得比较早。在妈妈的提示下可乐不情愿地出声说"早上好"，之后可乐妈妈就放下孩子离开了。我边吃力地把可乐抱进教室找板凳坐下，边跟可乐交流："可乐今天早上吃了什么好吃的啊？把老师手腕都压酸了。"他不仅没有回应我，还在我坐下的同时，挣脱我的怀抱冲向了门口，我连忙在他打开门之前用手抵住门板，不让他打开。可乐并未坚持开门，反而迅速跑向室内的手工区，还顺手掀翻了我刚才想要跟他一起玩的那篮子雪花片。当我收起雪花片，着急地四处寻找可乐时，配班老师给我指了指手工区。我轻轻地走过去，在手工区的橱子后面，看到可乐坐在地上拆开了两包太空泥在揉搓。地上也不凉，索性我也安静地坐了下来，并且在可乐寻找工具时递给了他一把用来切太空泥的小切刀，可乐说了一句："谢谢！"这是入园一个月以来可乐跟我的第一次正常交流，这句"谢谢"让我激动得一时没反应过来，以至于都没有及时说声"不客气"。看到可乐似乎正在捏恐龙，我也拿了一块泥捏起来。捏了几下，我故意自言自语地说："这恐龙的尾巴怎么捏呢？"听到我

的话，可乐抬头看了看我手里的东西，拿过去捏了几把又递给我，我看着已经变尖了的尾巴，赶紧说了声"谢谢"，而可乐也破天荒地说了声"不客气"。虽然这次相处可乐只对我说了短短几个字，但我们之间信任的大门已经打开了一条缝。后来，户外活动时，可乐虽然还是跑，但我追不上可乐假装受伤喊他来帮我时，他会跑过来扶着"一瘸一拐"的我走回教室……

观察，让我们更容易走近孩子，获得更多"降服"这帮"淘气包"的"妙招"。可能很多人认为上面记录的事情都是一名幼儿教师的职责所在，而我更享受和孩子们相处的那份亲近、信任和依赖！所以，在这过程中，我得到的是快乐！

幼儿就是一本书，是一本丰富多彩的书，是我们成人永远读不完、读不透的书，所以我们要去看一看幼儿表达了什么，听一听幼儿在想什么，尽可能地用幼儿的眼光看世界，用幼儿的心灵感知世界，用幼儿的语言表达世界。作为一名教师，我们的观察能力就像医生的触觉一样，要随时随地捕捉孩子的一举一动。我们除了应该做一个观察者，更应该做一个善于观察的人。在今后的教学过程中，我将不断充实自己，使自己成为一名善于观察的好教师，并继续享受这个过程！

在游戏中共成长

山东省博兴县第一小学附属幼儿园　吕　玲

随着学前教育课程游戏化和游戏课程化教育理念的深入，新教育理念指导下的幼儿发展需要对教师提出了新的要求，那就是要不断提升教师对幼儿游戏的指导能力。华爱华教授早在多年前就提出："对幼儿游戏的把握，才是学前教育专业教师的拿手好戏和看家本领，也是幼儿园教师专业地位的重要体现。"提升教师的游戏支持力已成为当前我们专业发展的共识。为此，在这条专业成长的道路上，我们一直向前、再向前……

大家都知道教师在游戏中给予幼儿有效支持的策略就是鼓励幼儿大胆地参与、探索和表达，理解幼儿的想法和感受，根据幼儿游戏的需要把握合适的介入契机。前者相对容易一些，我们一般都能够做到，而理解幼儿的想法和感受，根据幼儿的游戏需要合理介入一直是我努力的方向。

在名师工作室的引领下，在现场参与式教研的支持下，我认真学习观察记录幼儿游戏行为、解读游戏行为、反思支持游戏的方法，并将自己的学习收获运用到教育实践中。经过近几年的学习和实践，我感觉主要有以下几点收获。

一、参与游戏、视频记录助力自我成长

通过参与幼儿的游戏，我更能切身体会到幼儿在游戏中的感受，也更能理解幼儿在游戏中的想法。但是，关于游戏的观察记录，我做起来有时会比较困难，游戏观察时思路清晰，在游戏观察后写观察记录时仅靠游戏过程中拍的几张照片就很不够了，因为很多时候我在通过照片回忆幼儿的游戏过程时会忘掉

很多游戏中的细节和对话。而视频对我来说是最好的记录方式，因为视频能够完整再现游戏的过程，不光可以让我顺利地完成游戏故事的记录，还可以通过反复观看游戏视频来更深入地了解幼儿的想法、分析幼儿的游戏行为、反思自己的支持策略，让自己在一次次的参与—观察—记录—反思—实践中不断积累经验，促进专业成长。

二、放手游戏、学会等待助力教育实践

参与幼儿游戏，能让我感受到幼儿在游戏中的喜怒哀乐，能让我想你（幼儿）所想、乐你所乐。但是，很多时候户外游戏也会带给我"心惊胆战"的感受，让我在出手与不出手之间踌躇和犹豫。如孩子玩滚筒游戏、攀爬游戏时看似危险，是否介入就曾让我左右为难。可是，在犹豫时，心理上一旦过了这种"过山车"式的感受，往往又会让我发现"孩子的确是游戏的高手"，他们能意识到危险，也能很好地规避危险保护自己。放手游戏、学会等待能让幼儿在游戏中获得更好的发展，也让我看到了不一样的幼儿，促使我在等待中向幼儿学习。放手和等待让我们更好地秉承把教育回归幼儿本真、把游戏还给幼儿、把幼儿放在本位的宗旨，更好地实践教育理念——让幼儿在自主、自由的真游戏中获得经验、形成想法、不断挑战。

三、观察记录助力家园合作

家长是我们重要的合作伙伴，如何做好家园沟通合作是值得我们深思的问题。一方面我们要协调好与家长的关系、学会倾听家长、学会和家长对话；另一方面我们还要提高对家长需求的敏感性，敏锐觉察家长的需要。而观察记录就是很好的家园沟通内容，利用观察记录与家长交流幼儿在园的游戏和学习过程、成长经历，就会给家长提供他们期待的高品质的幼儿表现信息，避免空洞的交流。同时，家长也会因了解孩子的发展而知道该从哪些方面去帮助孩子，给家庭教育提供指导和思路。这种沟通交流能让家长详细了解孩子在园学习和游戏的过程，让家长感受到教师的辛苦付出，从而更加配合班级教师的各项工作。

四、观察、分析指导教育进程

观察并记录、解读幼儿的游戏行为，帮助我了解每一个孩子的习惯、思维特点、爱好特长、优势和弱点等，从而了解每一个孩子的发展水平和学习特点，有助于在全面了解的基础上和孩子对话交流，有助于有针对性地对个别孩子进行教育引导，从而做好因人施教。

通过对全班孩子的观察与分析，我可以准确把握班级幼儿的整体发展状况，从而制定更为适合的阶段教育目标，也为微调近期目标提供了依据。所以，客观地分析观察记录，了解幼儿的发展水平和特点，对于我们教育目标的制定和调整以及选择合适的教育策略有很好的指导作用。

五、在反思中感受教育的幸福

通过一个个观察记录的分析解读，我们不光可以了解幼儿的发展状况，为自己的教育实践提供针对性的指导，同时也让我在反思中发现自己教育支持方面的闪光点，体验到教育中点点滴滴的成功，从而感受从教的幸福。所以，观察记录也是提升教师幸福感的一种有效方式。

工作中，我们为幼儿创造自主游戏的和谐氛围，在游戏中观察幼儿的行为表现，并做好观察记录，结合《3—6岁儿童学习与发展指南》对幼儿的游戏行为进行科学的分析解读，了解幼儿的认知与真实需要，提升教育指导的有效性，助力幼儿健康成长，促进自我专业发展。

且听风雨且前行

山东省博兴县乐安实验学校附属幼儿园　王　婧

我是一名普通的幼儿教师，忙碌在每一个教书育人的日子里，平凡而不平淡。回顾20多年的幼教生涯，也有风雨也有晴。是孩子为我照亮了前行的教育之路，让我们在彼此映照的故事里找到了光亮。

《幼儿园教师专业标准（试行）》中提出，教师应该"掌握观察、谈话、记录等了解幼儿的基本方法"。我从中看到了教师观察的重要性，观察是了解和理解幼儿的基础，了解和理解幼儿又是教育幼儿的基础，观察可以帮助我们真实地了解幼儿，了解他们喜欢做什么、能做什么、达到了什么样的发展水平、有什么样的个性特点。在幼儿的日常活动中，通过观察记录，我真实地看到、感受到了幼儿的存在、幼儿的价值。没有观察，就没有教师对幼儿的了解，也就不可能有适宜的教育。对幼儿游戏的观察体现了教师对幼儿的关注和尊重，体现了幼儿教师的专业理念和素养，可能我们不缺教育技巧，缺的是教育观察及反思的能力。

故事一：我们班的小餐厅开张营业了，没多长时间，来吃饭的客人就多了起来。一桌的客人刚坐下，服务员L就连忙端起空盘子，将里面的食材——小朋友剪的蔬菜纸片和用太空泥做的蔬菜撤走了。就这样招待了几位客人之后，菜没有了，L跑来向我求助："老师，菜没有了。"我随手拿起一小盒积木说："这不还有吗？"孩子们会心地相视一笑，就用这些菜招待客人了。

过了一会儿，L说："没菜了。"接着他又想起什么似的说："有了，我去买菜。"只见他端来一盒积木，又开始上菜了。

你看，游戏过程中出现了食材缺乏的问题，不过有趣的是，当孩子沉浸在游戏情境中时，这些突发事件并没有影响到他们，而是被他们机智、巧妙地解决了，并成为推动他们游戏进程的加速器。

故事二：喝完饮料的两位小朋友在教室里转了一圈之后，相约着又回到小餐厅，对服务员L说："我们要吃火锅。"L一听，立马回到厨房，拿来两个杯子和两个盘子，然后把盘子放在杯子上，又从旁边拿积木向盘子里添加，同时对两位小朋友说："这是肉火锅，快吃吧。"说完，又跑向厨房，端了一盘蔬菜说："菜火锅来了。"

两位小客人突然提出的要求，让游戏情节发生了变化，但聪明的L小朋友创造性地利用原有的杯子和盘子自然地创造出了火锅，满足了客人的要求。从他的表现来看，他有吃火锅的经验，也知道火锅要荤素搭配，并很好地迁移已有经验到游戏中来。看来，没有现成的游戏材料，小班孩子也能利用已有的材料进行游戏，以物代物的能力还挺强。

幼儿的自主游戏如火如荼地开展着，大家一直都在强调教师要转变自己的儿童观和教育观。通过观察，通过游戏，我不禁感叹："自主游戏太好了！孩子们太厉害了！"自主游戏让我重新认识了儿童，他们的表现足以让我相信"儿童是有能力、有自信的学习者"。

2020年，有幸加入白桂云名师工作室，在白桂云老师的引领下，我学习着、思考着、实践着、成长着。我会记录下每一次学习中先进的教育理论知识，记录下专家们每一句精辟的话语，记录下带班教师丰富的教学经验，记录下成员组教师们每次的唇枪舌剑、富有个性的观点。我犹如一块干枯的海绵，在这里慢慢汲取养料，并视它为宝贝。加入名师工作室后的学习时期，是我成长最快速的阶段。

渐渐地，我看问题有了自己理性的思考，教育教学观念也有了明显的转变，真正理解和树立了以"幼儿发展为本"的理念，我从研究教材转向研究孩子。孩子是一本书，是一本丰富多彩的书，需要成人慢慢去解读。因此，在一日活动中，我会花更多的时间去观察孩子的兴趣，观察孩子的需要，猜一猜孩子在想什么，听一听孩子在说什么，看一看孩子表达了什么，站在孩子的视角，用孩子的眼光看世界，用孩子的心灵感知世界，用孩子的语言表达世界。

根据孩子的需要、兴趣，构建孩子喜欢的主题，做到让课程适应并促进每一个孩子的发展。

一路走来，有微光的欢喜，也有阴雨的无常。作为幼儿教师的我，成绩不算可喜，备课上课、布置环境、与家长沟通、做好职务工作，每个平凡的日子都是在喜忧参半的过程中向前推进着。

走过游戏路，留下童年梦

山东省博兴县吕艺镇许李学区中心幼儿园　许元元

　　岁月的小舟，划过时间的长河，虽无声无息，却在浅浅的波痕间，见证着我和孩子们的游戏之路。多年来，幼儿园在践行"以游戏为基本活动"的路上留下的点点滴滴，再次映入眼帘。一路上有反思、有收获、有感悟，更多的是与孩子一起成长的喜悦。

一、介入——不断反思自己

　　户外自主游戏时间是孩子们最欢乐的时刻，作为游戏中的观察者、支持者，我们要对幼儿的游戏进行仔细观察，发现幼儿在游戏中遇到的困难，及时为幼儿提供帮助。但是我们也要掌握幼儿的"最近发展区"，把握好介入的时机。

　　诺伊和小冉正在搭建立交桥，第一层已经建好了，只见诺伊拿了两块长一点的圆柱体积木打算建构第二层，她选择了合适的位置把两块圆柱体放好，小冉搬来了长方体积木搭建桥面。她们小心翼翼地把桥面放上，第二层的第一步已经搭好，她们高兴地继续搭建。当建到与第一层交叉的地方时，第二层的"桥墩"正好与第一层的桥面重合在一起。诺伊想了一下，把前一段桥面向一边挪了一小段距离，可是问题又来

137

了：第二层立交桥上出现了一个弯路，小冉说："不行，不行，这样太难看了。""那怎么办啊？这块积木总不能放在桥面上吧！"此时，从我们成人的角度来看，有很多方法可以来解决这个问题，我担心她们想不到解决的方法而放弃游戏，就介入了："你们可以尝试用不同长度的桥面来搭建呀。"小冉："不，那样不好看，我们就想用同样长的积木搭建。"她们没有理我，想了一会儿，诺伊搬来好多块圆柱体，并把第一层的桥面向前挪了一下，说："我们多放几块桥墩，这样又结实又能穿过第一层。"她们把重叠的圆柱体放到第一层桥的另一边，然后把桥面稍微向后边挪了一下，问题解决了。她们的游戏一直持续到户外游戏结束。游戏分享时，她们高兴地和小朋友们一起分享了自己搭建的立交桥，并把解决问题的方法分享给了大家。

游戏后，我不断地反思自己的介入：这时，孩子需要我的介入吗？我的建议孩子接纳了吗？我的建议是否帮助孩子获得了新经验？很显然，游戏中，我的担心是多余的，我的介入是无效的。因为孩子的游戏意愿和行为水平与自己介入的预期和指导要求之间存在着很大的距离。而且，我介入时间接地把答案告诉了孩子，如果他们接受了我的建议，我就剥夺了他们解决问题的权利。

游戏中的无效介入和负效介入让我不断成长，同时也让我明白：只有在实践中多尝试、多反思，才能提高支持和推进幼儿发展的能力与水平。

二、等待——看到不一样的儿童

卓文是我们班里一个比较内向的孩子，升入中班以来，没有太大的发展。平时不愿意与同伴一起参加户外体育游戏，很少与小朋友交流，游戏分享的时候不愿意在集体面前谈论自己的游戏故事，这是班内教师通过观察对他的简单评价。

户外游戏时，孩子们都选择了自己喜欢的材料和同伴，只有卓文在各个游戏区之间游离徘徊。他走到建构区的小朋友旁边，英硕对他说："卓文，快来啊，帮我搬积木。"他没有搭理英硕，而是走开了。只见他又来

到骑行区，点点对他说："卓文，来啊，我带你去逛街。"他甚至没有回答点点去还是不去，又走开了。这时魏老师想要帮助卓文，让他尽快融入同伴的游戏中，我建议再等一等。就这样，他一直在各个游戏区之间走来走去。直到他再次来到小厨房，看到小朋友们都在"吃"美味的食物，卓文这次主动说："你们先吃着，我去做点饮料给你们喝。"只见他从管子中选择了好多一样长短的管子，一个挨一个地摆在圆形的万能积木上面，嘴里还自言自语地说着："饮料做好了。"这时，凯航用脚一踢，所有的管子都倒了。这时的卓文并没有生气，而是不慌不忙地把管子一个一个地摆好，他刚要搬起来，脚下一滑，他的"饮料"再次散落一地。他站着愣了一会儿，又一个一个地摆放好，然后小心翼翼地搬到他们的小厨房，高兴地说："来来来，大家喝饮料喽。"他分给每人一份，高兴地融入小朋友的游戏中。

通过这次观察，我们分析如下：卓文不想加入建构区和骑行区的游戏，是因为他真的不喜欢，如果强行把他拉进游戏，他也不会产生兴趣；他是一个很有主见的孩子，知道自己喜欢什么，一直在寻找自己喜欢的事情，而且展现了良好的学习品质。在一次一次的失败后，他并没有放弃，甚至管子被小朋友不小心弄倒了，也没有抱怨，而是坚持做好自己的"饮料"。另外，在游戏中，他能主动和小朋友交流，并与同伴很好地进行合作游戏；能通过比较找出长短、粗细相同的管子。这些都是我们在平时看不到的。

一次意外的等待，让我们看到了不一样的孩子。游戏中，我们还要相信孩子，相信他们可以建构自己的内心世界，可以在游戏的世界里自由地探索。

三、追随——发现了不起的我们

区域游戏开始了，几个男孩子又开始了他们的"城堡建筑"。今天，他们的游戏计划是建构三间城堡，可是问题来了：当他们建构第三间时，最长的长方形积木不够了（当时，每个班级配备了两套积木，已有的积木已经全部用上了）。这时，孩子们来向我寻求帮助。

老师："我们班的积木都在收纳箱里，你们确定没有了吗？"

子阳："我们已经找过了，没有了，也没找到同样高的可以用的积木。"

老师："别的班级有，你们可以自己去想办法。"

亚昊："去别的班级借吧，我们分头行动。"

孩子们通过自己的努力，借到了想要的积木，并做好了借用记录，答应用完后一起归还。他们搭建好城堡以后，还给每间城堡起了好听的名字。

游戏分享时，孩子们说，明天会带一些动物玩偶，还会继续去别的班级借用积木，并保证一定完好归还。作为游戏的支持者，我们为孩子们准备了动物模型、各种餐具、装饰花、一次性纸杯等辅助材料，并为他们播放了带有城堡的动画片，提供了各种城堡的图片。环境和材料的不断丰富，支持着游戏的不断深入开展。

游戏前，教师需为幼儿创设与其发展水平相适应的自主游戏环境，以便有效地促进幼儿的发展。但是通过观察，我们发现：追随幼儿兴趣而不断完善的游戏环境，更会让孩子们产生共鸣。追随儿童的脚步，教师不仅给儿童创设了更多解决问题的机会，其游戏理念和教育行为也在一次次游戏观察与案例分析中得到了转变。

走过的是时光，留下的是成长，我愿继续走在游戏的路上，让孩子成为游戏的主人，让他们在游戏中描绘一个美丽的童年梦！

发现观察的力量

山东省博兴县实验小学附属幼儿园　王婷婷

观察之于教师，是专业，是工具，更是一种素养。观察之于我，是一条长长的路，是一个从"无"到"有"、从"不知"到"知"、从"量变"到"质变"的过程。

一、从"无"到"有"

记忆深刻的是那年春天，我带着班里的十来个孩子去院子里摆组合玩具。那是幼儿园当时唯一能移动和自由组合的户外材料，但一直以来都是教师给搬出来摆到院子里，然后孩子们或钻或爬。在我"你们愿意怎么摆都可以"的指令下，孩子们从开始的不敢下手到最后的自由游戏，我一直作为旁观者观察着他们的行为，并于心中对他们的行为做着简单的分析。我很惊讶于孩子们的行动力，也很心疼孩子们时不时看看我的小心翼翼。看着孩子们固守着"老师就是这样摆的"这一原则，我意识到自主游戏与我们孩子的距离到底有多远。这应该是我2017年11月去杭州参加"中国幼儿园游戏研讨会"回来之后做的第一次尝试。那一个月，我的观察记录里没有孩子们的高光时刻，真实记录了孩子们的行为，分析了孩子们行为背后的心理，反思了我的教育行为。

二、从"不知"到"知"

加入白桂云名师工作室，让我开始有意识地去学习。先后阅读了工作室推荐的《幼儿行为观察与指导》和《观察：走近儿童的世界》，也开始有意识地学习一些专家的讲座，逐渐对观察有了清晰的认识。原来观察不是为了写学习故事去无意间撞上孩子们的高光时刻，而是在幼儿的日常生活中去主动地找到读懂幼儿思维的细节，找到幼儿心灵秘密的密码，找到支持、帮助、指导幼儿发展的依据。那一年，我承担了幼儿园关于观察记录如何撰写的培训。让我一个观察小白去培训观察？我只能再次拿起各种有关观察的书籍，翻阅更多的文字材料，然后去模仿专家在儿童观察上的观点与分析，试图用最直白的方式打通教师们的观察之门。这样的一次培训，对我而言，确实令我认识到了观察的价值所在。这是一个打通任督二脉的过程，是从"不知"到"知"的过程。观察开始走进我的教育生活，我慢慢地接受它，并尝试运用它。

三、从"量变"到"质变"

万物生长皆是从量变到质变的过程，人的成长中也会有"顿悟"。我的顿悟好像来得晚了一些。2019年3月，在白桂云名师工作室于实验园开展的"以建构活动为例，探讨如何利用观察材料组织游戏分享环节"的教研活动中，我打开了一片观察的新天地。那天的活动足足有半个小时的观察时间，与平时观察自己孩子不同的是，这完全是别人家的孩子，我不知道这些孩子姓甚名谁，不了解这些孩子平时的表现。通过观察去解读这样一帮孩子，让我一下子意识到从观察到的儿童行为的背后可以了解儿童的生活经验、游戏经验，可以反馈出儿童的性格、能力和心理。我盯着两个做大炮的孩子，看一个模仿另一个做，却在技能和创意上超过了另一个；来了小朋友借材料，他为了给别人材料而动手改变了自己的作品。这种观察体验让我愉悦、让我窃喜。我恍然，原来观察真的可以了解幼儿、读懂幼儿。这种懂可以为我们的教育找准方向。

至此，我真正喜欢上了观察儿童。我常常蹲在幼儿园的院子里看孩子们游戏，听孩子们的窃窃私语。看他们把由单层积木搭成的容易倒的高楼换成两层的高楼；看他们用各种材料把水池里的水运到沙池；看他们和轮胎里的小虫子对话；看他们与同伴协商合作。我会看课堂中他们的表现，去猜测他们家里亲子阅读的情况；我会看他们做手工，去评价他们小肌肉群的发展水平；我还会远远地看着他们快乐游戏，感受着他们的快乐。

观察意味着发现，有了观察才能走进孩子的心灵，才能真正发现孩子的兴趣点，发现孩子的成长。观察也只是开始，观察背后的行为分析和教师专业的跟进与指导更值得我们去学习和探讨。所以，观察的路还要走很长很长，唯有不断学习，才能跟上孩子的脚步，真正走进孩子的心灵。

现在，观察于我是生活的必需品。每每在心浮气躁的时候，观察孩子的游戏，成为我开心生活的法宝。

学习无止境，成长不停歇

山东省博兴县第一小学附属幼儿园　周文霞

一个人要想成长，必须不断地学习。学习伴随成长，学习是成长的基础和条件，成长是我们不断学习、慢慢积累的一个过程。学习是一个人成长的关键，学习的方法有很多，作为一名幼教工作者，我深知我的成长离不开我所在的教研团队。

一、教研环境的创设，为成长提供理论支持和保障

（一）县名师教研组掌舵，为成长保驾护航

参加白桂云名师工作室已有四年多的时间了，四年来，我们在省特级教师白桂云的带领下，与时俱进地结合当下幼儿园发展中的关键问题展开研究，每年针对一个主题进行研讨，每次再针对一个小的点展开，从集体教学活动的提问、师幼互动、教学游戏化到室内区域游戏的创设、材料的投放、教师的介入指导再到观察记录目标的设定、记录的格式、记录的内容又到户外自主游戏区域的创设、材料的投放、幼儿游戏表征、教师的深度观察与记录等，教研主题层层递进、一年一个台阶扎实稳步向前。白桂云名师教研组的教研活动不仅为我们教研组的成员确立了研究的目标，指明了研究的方向，同时还带领我们一起抱团成长。在这个教研团队中，我也深感责任重大，因此我会珍惜每一次教研活动的机会，在每次教研活动开始前，我都会根据教研方案的研究主题，查阅相关的资料并结合自身的实践去思考相关的问题，并且会在教研活动过程中根据主持人的引导积极思考问题，努力找寻自己在教育实践中的困惑与教研研

究问题的对接点。同时，每次教研活动我都能从不同层次的教师身上发现可以学习和值得借鉴的地方。因为我相信尺有所短，寸有所长，只有这样，我才能使自己的羽翼更加丰满，同时也能让教研活动中的干货遍布我们的园所。

（二）园所二次教研落地，让成长在幼儿园全面开花

在白桂云名师教研组的指引下，回到幼儿园我要让教研活动真正落地，让园所教师们的教育研究有方向，每次我都会开展二次园本教研活动，目的是使自己的所学逐渐内化，让理论知识变得更加扎实；同时也让教师们的教育理念提升起来，让教师的教育实践活动更加符合孩子的兴趣和需求。尤其是这两年来对于幼儿的观察、记录的书写，我们开展过多次的研讨活动，从观察的策略、记录的方法到幼儿行为的分析、幼儿的深度学习再到教师的支持、活动的反思等，都会带领教师们一起梳理、讨论，并组织了多种形式的游戏案例交流分享活动，让大家通过具体的案例研讨切实将观察记录落到实处。同时，我还鼓励教师们多读书、多学习，不为别的，为的是补充能量，让自己在熟悉的领域变得更加专业和有底气。在这一系列的过程中，我应该是收获最大的，因为有前期的理论支持，再将这些理论内化并进行分享，对我来说是深度学习的过程，再到教育理念的提升更是我理论进一步深入的体现。

二、教育实践深入，为成长提供助力和延伸

（一）观察记录变化，让成长更加深入

教师们有了相关的理论基础和新理念的充盈，在教育实践中变得更加得心应手。在幼儿园教师的手写常规中有一项案头工作叫撰写教育笔记，它属于幼儿教师必备的基本能力之一，我们幼儿园的教育笔记经历了以下几个阶段，即教育笔记—学习故事—观察记录。教师们从简短描述式的教育笔记到有叙述、有反思的学习故事再到有背景、有记录、有行为分析、有支持策略、有教师反思的观察记录，这个过程我们用了七年时间，当然从学习故事到观察记录是我参加教研组活动后逐步改变的，教研组的活动使我们的脚步变得更快，也更自信。随着学前教育的不断深入，在幼儿园的教育中我们越来越承认学前儿童的主体地位，尊重儿童的人格，尊重儿童的需要和兴趣，激发儿童的主动性，承认教师是学前教育的组织者、支持者、引导者和合作者，各种活动努力做到通

过对幼儿的观察，发现和跟随幼儿的需要与兴趣，充分利用教育资源，充分发挥幼儿的自主性，调动和激发每个幼儿的潜力，促进幼儿进行动态的有效学习和多元发展。这其中都离不开教师对幼儿的观察，观察已成为幼儿园教师必备的一项基本能力。随着观察记录的不断深入，我们共同见证了教师们和我自身的成长。教师的观察能力、解读分析能力、支持策略都有不同层次的提升，我在教师们和我自身对幼儿的观察记录中也变得更有深度。

（二）多种活动齐参与，让成长更加专业

县级教研、园本教研齐头并进，各项市级培训、省级培训安排有序，让我在这种氛围中工作得非常充实。结合各种培训，落脚于自身园所实际，引导教师们做起了课程。《幼儿园教育指导纲要（试行）》中明确指出：要善于发现幼儿感兴趣的事物和偶发事件中所隐含的教育价值，把握时机，适时引导。作为教师，我们要做教育的有心人，要善于捕捉孩子眼中的兴趣与探究欲望，引导他们通过自己的发现主动构建有关的知识经验。2020年9月18日，白桂云名师教研组在锦秋街道中心幼儿园开展的教研活动"如何透过观察寻找课程的生发点"，由曹怀香老师主持。以往我们做的园本课程都是教师预设的，很难体现孩子是课程的主人。借助曹老师的这次教研活动，我们开展了二次教研，引导教师在固有的省编教材的前提下，探索追随孩子的兴趣来做课程。当然刚开始做的时候，我们没有给教师提出很高的要求，课程的生发点可以是幼儿在一日生活中的一个兴趣点，也可以是结合省编课程中一个主题内容的深度学习，围绕一个点慢慢展开，在展开的过程中能够一直追随孩子的兴趣最好，如果很难捕捉，也可以增加预设的内容。我们这样做的目的是想让教师们树立一日生活皆课程的理念，更重要的是让教师善于在观察孩子的过程中捕捉孩子的兴趣、追随孩子的兴趣，引发孩子的深度学习和探究意识，提升教师和孩子的探究意识与探究能力。我想这对以后孩子主动学习能力的提升会有很大的帮助。课程的制定是教师能力更加专业的表现，在这个过程中，我会带领教师们做班本课程的审议和分享，让班本课程真正做到追随孩子的兴趣。

学有所获的道理我们都懂，学习方式有很多，在幼儿教育这条专业道路上我们要把握好每次学习的机会，让学习无止境，成长不停歇。

观者需用心

山东省阳信县实验幼儿园　孙　伟

　　著名幼儿教育思想家蒙台梭利指出："教师是儿童活动的观察者和指导者。"幼儿教师应是一位观察者，他必须以科学家的精神，运用科学的方法去观察和研究儿童，揭示儿童的内心世界，发现童年的秘密。

　　观察幼儿行为有助于教师关注幼儿的个体差异，掌握对应的策略和方法；有助于教师调整教育目标，选择适合幼儿年龄水平的教育内容；有助于教师更好地解读幼儿，提供多元支持策略。同时，观察也是教师专业成长和发展的路径。正如美国学者丽莲·凯茨指出的："培养教师观察能力视为帮助教师从新手成长为专家的必要条件和重要途径。"

　　作为一名幼儿教师，我深知观察对于我职业成长的意义，今天就和大家讲讲我与"观察"的故事。

一、初识——一笑平生识面迟

　　作为一名从事幼教工作22年的老教师，我深感惭愧。因为我真正地观察幼儿、用心记录是近几年才开始的。起初我对"观察"抱着一丝偏见和抵触，认为："工作那么忙，文案那么多，只要把教学活动组织好，把该教的教给孩子，把该学的学会，就行了。不就是玩吗？让孩子们自己玩高兴、玩自由就好，有什么可观可察的，有什么必要去记录呢？既浪费时间，又浪费精力。"

　　直到我看完《幼儿行为的观察与记录》这本书，我才放下了对"观察"的偏见。书中用严谨清晰的文字和准确生动的事例，细致入微地将对幼儿行为的观察与记录全方位地展示出来。仔细研读后，我发现，"观察"是了解幼儿最适宜的方式。

我把书中的心理学、行为学实验得出的结论运用到我的观察和记录中，让我的实践有了理论的指引。对幼儿行为背后的心理成因也一点一点系统化、逻辑化，头脑中对观察记录的方法、概念和应用也条分缕析。因为理论的支撑，我乐于思考、敢于实践，开启了我的"观察之门"。

二、成长——纸上得来终觉浅，绝知此事要躬行

观察记录中的"分析—反思—推进"是发现幼儿闪光点，支持、鼓励幼儿主动游戏和发展的记录方式；是教师根据幼儿需要及时调整游戏材料，适时指导的依据。在观察幼儿游戏活动，在记录幼儿成长画面的过程中，我的理论素养和解读幼儿行为的能力在实践中得以提升。

从无到有，观察有了目标和方向。刚开始观察和记录时一片迷茫，感觉什么都是契机。孩子说的每句话都重要，分辨不出哪些才是幼儿的游戏点和生长点，无目的、无方向。通过阅读、学习培训和实际观察，渐渐地，我的眼中有了闪光点。我开始对孩子们的思考和发现感到奇特，开始折服于孩子们的想象和创意，开始惊叹于孩子们的勇气和毅力，不再盲目观察，记流水账。

从浅入深，观察不再做表面文章。分析幼儿年龄特点、行为和成长变化时，不再对照现象找理论，开始尝试通过理论来解析；不再东拼西凑找文字，开始有条理地记录和书写；不再浮于表面现象，开始透过现象看本质；观察记录能力得以提升。

从少到多，从要我观察到我要观察。观察记录作为一项指导幼儿游戏和发展的重要依据，深受幼儿园的追捧，多数幼儿园把观察记录作为考核教师工作的"把手"，每周都有数量要求。我也曾在与"把手"斗争的过程中，厌烦过它。但当我真正了解了观察对幼儿、教师成长的意义，掌握了一定的观察方法时，我决定与它言和、与它携手。我不再被动地去观察、去记录，而是找到了观察的乐趣，用心记录我和孩子们的故事。

三、感悟——教学相长

当教师开始学会捕捉幼儿的闪光点时，便能在写"观察记录"的过程中，认识到"幼儿本位"的理念。同时能理解支持幼儿的自主游戏，并能更细致地关注幼儿、倾听幼儿、支持幼儿、解读和评价幼儿。我们了解孩子的过程，更是了解自己的过程。在观察中发现幼儿，成长自己；在记录中解读幼儿，提高自我。"是故学然后知不足，教然后知困。知不足，然后能自反也；知困，然后能自强也。故曰：教学相长也。"

"老师的眼光看到哪里，孩子的成长就在哪里。"关注—观察—记录—解读，我愿执"观察"之手，与幼儿一同成长。

观察让我走近孩子

山东省博兴县乐安实验学校附属幼儿园　高　薇

一、了解观察，认识观察的重要性

每个幼儿教师在日常工作中都写过教育案例，就是把在一日生活中看到的幼儿发生的一些事情记录下来，分析其中的原因，找到解决的措施。例如，某某小朋友很挑食，某某小朋友有攻击性的行为等。2017年，我们幼儿园的白桂云园长把"观察"带到了我们的日常工作中，让我们对以前认为的观察仅仅是"看"有了新的认识和了解。

白老师告诉我们，观察是有目的、有计划、有方向、比较持久的感知觉活动。观察的过程不仅是看到事物表面的发生发展，还需要思考背后的原因与发展的走向。并且给我们推荐了《观察：走近儿童的世界》这本书，通过看书我们知道，观察不仅是看，还有听、问、思。要看到孩子们的各种行为，要听幼儿之间的交流、表达、讨论，要问幼儿行为的表现、缘由，要思幼儿行为背后的本质、规律。

《幼儿园教师专业标准（试行）》中也指出，观察能力是幼儿教师必备的专业能力之一，是幼儿教师在特定活动情境中对幼儿的学习与发展进行观察记录、分析解释和支持帮助的能力，是教师把握幼儿已有经验、了解幼儿发展状况的基本途径。这就要求幼儿教师应具有敏锐的观察力，包括确定观察目的的能力，运用观察方法的能力，筛选有价值信息的能力，进行观察记录的能力，分析与解读观察结果的能力等，如此才能把握幼儿的个性特点、发展水平、发展需求，从而支持与促进幼儿的学习和发展。

二、在实践中树立观察意识，学习观察、解读的方法

意大利著名幼儿教育家蒙台梭利说过："唯有通过观察和分析，才能真正地了解孩子内在的需要和个别差异，决定如何协调环境，并采取应有的态度来配合幼儿成长的需要。"

观察对教师的专业成长和幼儿的全面发展至关重要，这就要求我们在工作中要时刻树立观察的意识，记录幼儿的行为，解读观察的结果，支持幼儿的发展。但是刚开始的时候，教师们出现了很多问题。例如，不知道观察什么，怎样观察，怎样分析解读，怎样写观察记录等，因此，白老师对教师们进行了关于观察的理论学习培训，一步步解决教师们的困惑。

（一）明确观察目的，选择观察内容

由于教师们不知道去观察什么，白老师让我们每个人都制订了月观察计划，以及具体的观察内容和观察重点。教师们在进行观察的时候就有了计划性、针对性。例如，面对刚刚升入中班的小朋友，我们制订的观察计划中，观察重点是在9月针对生活习惯与生活能力方面的，观察内容就确定为每天按时睡觉和起床，并能坚持午睡，能自己穿脱衣服、鞋袜，扣纽扣。这样每个月提前做好计划和准备，就知道了自己想了解什么。有了清晰的意向，才能在幼儿活动中看到你的观察对象或目标，才能有效地记录能反映你的观察期望的有意义的行为和经验。然后根据观察内容选择合适的记录方法去记录孩子们的表现。当然，教师也可以根据个别幼儿的情况来制定观察目标。例如，某个小朋友性格比较内向，很少主动地与其他小朋友交往。针对这种情况，我们教师就可以去了解他的语言交流和社会交往的情况，就可以对他与好朋友游戏时的情况进行有目的的观察并记录下来。

（二）撰写观察记录，客观、真实、全面

教师们在撰写观察记录时又出现了很多问题，白老师对我们的案例进行剖析，让我们明白不足的地方：场景描述与观察目标无关；记录内容没有有效价值；描述带有教师的主观性；等等。例如，在积木区，小朋友A和B在玩积木，A抢了B的积木，把B推倒了，A经常与小朋友发生冲突，总喜欢抢别人的玩具。在这个描述中，"抢""经常""总喜欢"就带有教师的个人观点，这样的描

述就失去了记录的客观性。再如，小朋友们在画我心目中未来的汽车，这时教师听到C说："老师，我不会。"教师轻轻地走到她面前，引导她回想马路上看到的汽车长什么样子，有几个轮胎、几个车门、几块玻璃、几个方向盘等，她都能一一回答出来，教师说："那就开始画吧！"可是这位教师的观察目标是幼儿是否能用图画和符号表达自己的愿望与想法，在描述中恰恰缺少了对幼儿绘画过程的描述。通过一次次的培训学习、案例剖析，我们懂得了观察记录中的描述要客观、真实、全面，具有针对性。

（三）分析观察记录，给予幼儿支持

对于教师们来说，解读幼儿的行为是最困难的事情，我们不知道从哪些方面去分析幼儿的行为，不能专业地判断、识别幼儿的需要或是发展的可能性，便无法提供适宜的支持。这正是因为我们缺乏理论素养，因此，白老师和我们重新学习了《3—6岁儿童学习与发展指南》，把五个领域中每个年龄段的典型表现通学了一遍，又给我们推荐了理论性的书籍，让我们在分析幼儿行为时有理论依据和支撑。

例如：H拿起雪花片开始插，过了一会儿，他插了一辆坦克，转眼工夫他把坦克给拆了。老师走过来说："你插的坦克呢？"他说："拆了。"老师说："刚才说了，插完了要自己摆放在前面。"他听到后，又插了一辆坦克，摆放在了前面。教师问："你想一想，公园里有坦克吗？"他说："没有。"

分析：《3—6岁儿童学习与发展指南》中指出，中班幼儿能感受规则的意义，并能基本遵守规则。H在活动中并没有听到教师提的要求，说明他的专注力和规则意识不强。该指南中指出，中班幼儿知道接受了的任务要努力完成。他们这一组的主题是"公园"，而H在进行活动时已经忘记了自己的任务和目标，插了自己喜欢的坦克。可以看出，H的任务意识不够。

支持策略：

（1）在日常活动中可以多给H安排任务，提供锻炼的机会，培养他的任务意识。

（2）H按要求完成任务后，要及时鼓励、表扬。

（3）多组织幼儿玩规则性游戏，培养H的规则意识。

三、在实践中提高观察能力，走进儿童的世界

实施教育，观察先行。通过在工作中的实践和摸索，在白老师的引领下，我们通过有计划的观察，在学习、实践、研究、反思中内化理论知识，梳理并学会运用各种观察、记录方法，强化了教师的观察意识，提高了教师的观察能力，解读幼儿行为的能力也逐步提高。教师也在与幼儿的互动中有目的、有计划地观察，了解幼儿的言行，分析幼儿发展的相关信息，自身的专业能力也得到了提高。

教师只有学会观察，才能了解幼儿、理解幼儿、尊重幼儿，才能给出合理的教育建议和策略以支持与推动幼儿的全面发展，才能真正做到因材施教，这是幼儿教师专业化的体现。在今后的工作中，我依然要坚持学习理论知识，反思自身教育行为，一步步走近儿童、读懂儿童。

观察让我悄然改变

山东省滨城区第八实验幼儿园　李凤兰

一、专业素质在观察儿童的过程中大幅度提升

为了更加科学有效地指导幼儿，就会如饥似渴地需要获得解读儿童行为的专业知识和理论，所以需要不断地学习研究专业知识和方法。为了分析幼儿游戏行为背后的原因，我就必须大量阅读关于儿童自主游戏、学习、思维发展、年龄特点等的专业书籍，也要对《幼儿园教育指导纲要（试行）》和《3—6岁儿童学习与发展指南》的理念及教育要求了如指掌、深刻领悟。这一过程无疑加快了自身专业成长的步伐。例如，在观察儿童的过程中，我们定期并有计划、有重点地学习观察儿童的专业知识和方法，了解、掌握了基本的观察方法和原则。总结出了观察的方式：环视扫描式观察、定点蹲守式观察、重点跟踪式观察等，专业素养得到了大幅的提升。

二、教育观念转变，发现儿童、转变角色，能够静下心来做教育

对于教师而言，要把"当下的我对儿童的主观想法"暂时搁置起来，先去"发现自己的童年"，让心灵进到儿童的真实世界里去与儿童相遇。在实践与反思中，教师要转变对儿童的认识和应对方法，不再视儿童的一些看似奇怪的行为为异类，而是了解它们的成因，从儿童的需要出发，以关怀、尊重、接纳的态度与儿童交往，敏锐地察觉儿童的问题、困难和需要，并及时、适宜地给予帮助和引导，逐渐建立起平等、合作、宽容、接纳、和谐、友善的班级氛围

及师幼关系。例如，对幼儿的行为评判也从泛泛的秩序感、注意力等评价变得更加深入和细致（是否自主积极——专注；目的性、计划性如何——持续；能否自觉遵守活动常规——爱惜材料、与他人合作；能否创新——主题、内容、方法；能否解决问题和困难——挑战；能否自我照顾——生活；等等），观察与评价要考虑不同的性质和内容，更要始终考虑幼儿发展和班级教育实际。

总之，在实际观察指导活动中，教师也要转变角色，要成为幼儿学习活动的引导者、支持者、观察者，永远站在他们的后面，帮助他们去克服遇到的困难，强调他们发挥自己的想象力，自由操作、自由探索，引导他们大胆说出自己的想法与发现，鼓励他们归纳总结经验，帮助他们厘清思路，将活动中获得的零散的、模糊的经验进行梳理，建构新知识。所有的这些转变都使我们找到了突破口，从烦琐的事务中摆脱出来，静下心来做教育。

三、在多种活动和培训中，提高了科研能力

在观察儿童的课题研究中，我们能根据幼儿的年龄特点和认知特点选取适宜的策略方法，采用游戏化、生活化的方法帮助幼儿发展提高。另外，我们经常针对研究中的一些现象和问题开展专题研讨活动，及时调整研究方法和策略。

我们在园所中普及和研究，定期开展园本教研活动，每一位教师积极参与、精心准备，活动后进行集体评析，撰写个人反思与感悟，使教师进一步提高了自身的评析能力，同时也帮助教师认识到自身的不足，取长补短，促进了教师对其行为的理解，使教育活动更趋于专业化，并在实践中运用，更好地达到促进儿童发展的成效。

组织"间隙活动艺术大赛""自主入园""自主游戏大赛"等活动，在丰富多彩的活动中，教师观察儿童的能力提高了，并激发了教师研究的自主性、创造性和专业发展。在不断实践、反思、提高的过程中，经验逐渐丰富起来，科研能力和水平也有了不同程度的提高。

四、各类文字材料的撰写，提高了综合素质

为了提升观察能力，巩固反思观察成果，我们每人每月的文字材料如活动及反思、个案观察记录、田野笔记、全息性记录、个案追踪、教学反思等内

基于游戏视角下的
幼儿教师教育理论的研究与应用

容，都从实际的观察了解儿童出发，通过文字材料的撰写，大大提高了我的教学研究能力。撰写课题研究材料，促使教学行动与教学研究紧密结合，教学理论与教学实践紧密结合，使教师的教学研究能力得到了较大的提高。

五、幼儿活动时的组织策略有了大幅度的提升

我在组织幼儿活动时的教育组织策略有了明显的提高。例如，能够在选择、投放材料时，按照由浅入深、从易到难的要求，分层次的依据是幼儿的能力水平。因此，教师也能够分层次指导幼儿，幼儿活动时也能够灵活机智地介入，灵活使用各种教育方法，促进不同层次的幼儿梯度发展。瑞士儿童心理学家皮亚杰提出："儿童的智慧源于材料。"游戏材料是幼儿活动和操作的物质对象，幼儿是否对活动区域感兴趣。是否能够顺利地开展活动，在很大程度上依赖于材料和玩具能否融合主题。教师提供多层次、多用型的活动材料，让幼儿通过感知动手操作、探索以及讨论活动，使幼儿在自主中发展、在操作中发现，使幼儿能自觉、主动地去获得感兴趣的知识，促进幼儿的发展。

六、为当下探索自主游戏的大背景助力，事半功倍、锦上添花

2019年12月15日，我园在滨城区幼教办领导的积极推动下，有幸被山东省教育厅确定为省级学前教育游戏活动实验园。我们从教师培训到优化一日生活安排再到环境改造，一步步实践探索着，通过教研活动和日常渗透，教师们放开思路做过很多探索。比如，间隙活动、晨间活动、区域活动早就在自主游戏精神的引领下成为常规活动。自2020年以来，自主入园、自主进餐、自主值日、自主户外游戏也开始深入地实施起来。每一个环节都体现了自由、自主、愉悦、创造的游戏精神，但是也经历了一个阶段，从担心安全问题不敢放手到现在放心大胆、游刃有余，教师们学会了管住手、管住嘴、瞪大眼、竖起耳的经典方法。在此过程中，观察儿童是教师不可或缺的一项基本技能，教师不再是忙碌的穿梭者、发号施令的权威者，而是站在幼儿背后沉静、耐心的观察者，真正从观察中去获取幼儿与同伴之间、与环境材料之间的准确信息，敏锐地察觉幼儿的需要，给予适时的指导并随时对游戏进行调整。全面观察需要三整体和三细微相结合。活动过程中用相机捕捉幼儿的活动瞬间。幼儿在游戏时

自由、真实、认真的状态宛如在自家开心玩耍。真实的游戏让孩子们回归了真童年，也让我们再次明白：游戏是儿童的基本权利，不应当仅仅理解为娱乐与消遣。

我们的观察儿童课题研究正好为当下探索自主游戏的大背景助力，事半功倍、锦上添花！

领悟观察之乐，赋能专业成长

山东省阳信县信城街道中心幼儿园　张凤英

1998年9月，博兴师范幼师专业毕业的我如愿以偿地踏进了乡镇的一所幼儿园。刚上班的人大都是满怀激情、心怀梦想的，我也不例外，想把满腔热忱都倾注于孩子们身上。除了满腔工作热情之外，走进我心灵的还有两本幼教刊物：山东省滨州地区教育委员会主办的《滨州教育》和山东省学前教育研究专业委员会会刊（内部资料）《幼教报》。我很喜欢阅读刊物里的文章，深深地被其内容所吸引，同时心里也悄悄种下一粒种子，那就是我也要尝试记录教育生活中的点滴——投稿。刚上班的我，年轻、家庭琐事少，工作之余，我就把平时教育工作中自己所观察到的、所想到的整理成教育札记，并悄悄地投稿。2000年2月，我的一篇教育札记《错误》在《滨州教育》上发表了；2004年6月20日，教育札记《"奇怪"的举动》在《幼教报》上发表了。开心之余，更坚定了我观察、撰写的信念，持续观察孩子更是我教育生活的日常，在观察中我感受发生在孩子们身上的一切，静察他们之间的争执、聆听他们之间的悄悄话……都说孩子们吵、都嫌孩子们闹，可是孩子们却把我带回童年。孩子们观察我、模仿我，就像我的一面镜子，督促我自律成长；我观察孩子们，使我不再"自以为是"，不轻易评价忽然看见的瞬间，学会静等几分钟再做评判，孩子们幼稚的话语我不会掉以轻心……观察，给予我的不仅是童言童趣带给我的快乐，更助推了我自身专业的成长。

一、观察，使我学会把"问题"转化成"学问"

幼儿园一日生活皆课程。当我们无视儿童真实的样子时，我们其实剥夺了自己更深层次的快乐源泉，因为我们将错失见证眼前幼儿发生一切的大好机会。认真关注幼儿的观察者提醒我们，不经意的一瞥，看似平常，其实非同凡响。某幼儿文学作家在一次教学中把儿童的每一个普通瞬间比喻成项链上的一颗珠子，每颗珠子都很独特，彼此相连，共同创造出呈现在眼前的神奇之作。

例如，大班的孩子非常喜欢桌面玩具，而且是百玩不厌，每天在反反复复的拼插中有重复、有创新，他们在拼插中比赛、在拼插中不由自主地玩起角色游戏，一幕幕的精彩上演总是深深吸引着我。孩子拼插的过程是精彩的，但收纳、整理玩具的过程却是混乱、无序的。每当收纳玩具的音乐声响起时，孩子们一下子从有序中脱离，叽里咕噜地忙着开始收纳桌面玩具，场面混乱不堪，我看在眼里有点着急，但还是没有发表任何言论，只是把孩子们收纳玩具的过程以照片或视频的形式拍摄下来，待孩子们收纳完毕后，再把图片和视频与孩子们一起分享。

孩子们从我分享的视频中看到自己、看到小朋友时，起初是开心的："快看，那不是你吗！那不是我吗……"孩子们看完之后，我就引导孩子们相互交流自己所看到的，一步一步引导孩子发现自己在玩具收纳过程中出现的问题。再次回放视频，让孩子们查找自己存在的问题。那怎么来改进呢？我就让孩子们在小组内充分地交流、想办法……办法到底是否可行呢？当孩子们再次收纳整理玩具时，就开始尝试自己的方法是否可行，为此我在孩子们每一次收纳玩具时，都会提出收纳规则并计时（规则：收纳玩具要分类、安静、爱惜、合作），看看哪组小朋友最先完成，最后一组小朋友就要想想"自己慢在哪儿"。就这样，孩子们在每天的收纳、整理中迈出了改变自己的第一步、第二步、第三步……持续改变，不断成长！

教师和幼儿一起分享观察故事（图片和视频），直接把观察、拍摄的资料给儿童看，引导幼儿看到自己正在做事的照片和视频，儿童会受益匪浅，可以提升儿童自我反思的能力。这就像我们成年人通过一段时间的学习和反思来磨炼自己的思想一样，幼儿可以一边观看一边相互交谈，能给予孩子们更多的语言和无意识的早期体验——思考自己的思考过程，成为幼儿学习新东西的发射台，促进幼儿认知或情感发育的飞跃。

二、观察，使我学会看见、再看一眼

在用全新的视角观察儿童之前，我们必须承认我们是戴着有色眼镜的。我们并不是真的在用自己的眼睛或耳朵去看或听，而是通过我们的信仰去看或听。我们观察孩子时，经常会基于我们自己的成见或价值观做出第一反应，这些都会阻碍我们真正地看清孩子所做之事的重要性。所以，我们不要对自己的所见立即采取行动，而是要挑选"一副镜片"来静心研究发生在孩子身上的那些细节。

新学期我们班来了一位新成员——文博，一个看起来安静的小男孩，每次喊到他名字的时候，总要喊三四遍他才回应。他总是若有所思，给我最初的印象就是呆呆的，可是他在教学活动中的表现却让我想到一句话"人不可貌相"。那是在"我们的祖国真大"语言活动即将结束时，我带领孩子们欣赏了中国地图，就在我和孩子们讨论交流时，文博把中国地图临摹了下来，而且特别特别像，我感觉我自己都不可能在这么短的时间内画得这么好，心里说不出的赞叹！

所以，有些孩子看起来似乎并不出众，但他们却在真正挑战我们的眼力。有时这些孩子需要我们用放大镜来发现他们真正具有什么特质。花时间更仔细地观察这些对我们而言具有挑战性的孩子的游戏、工作和想法，能让我们的工作成为一个不停地探索、发明和灵活思考的过程。如果我们持续保持专注，就能度过困难动荡时期，突破盲点，找到新的方法去与最难缠的孩子相处。

所以，我们需要坚持不懈地去观察每一个幼儿，我们需要以多元的视野去支持每个幼儿，了解他的兴趣需求和爱好，了解他的学习特征，了解他的身心发展现状，理解他的行为，发现他在活动中的需要，尊重他的需要和发展的可能性，鼓励他在自身原有的基础上获得自主经验的螺旋式提升。

当我们开始尊重孩子们是什么样子（而不是我们想要他们成为的样子）的时候，我们看待学习和教学的理念就发生了变化，我们的工作也变得更加有趣和富有成就感。我们也开始给自己的职业设定更宏大的目标，努力让童年凸显出来，受到重视，因为童年可以丰富我们的人性和对集体身份的贡献。

　　作为一名幼教工作者，观察使我更懂得如何捍卫"童年"。我在观察中逐渐学会以悦纳的态度装下每个幼儿，理解每个幼儿的"不一样"，学会多站在幼儿的角度思考问题，能够支持幼儿选择不同的时间、空间和学习通道，支持幼儿按照自己的速度、自己的节奏选择自己"需要做的事情"，从容地从量变到质变，使幼儿获得实实在在的发展。

在自主游戏中和孩子共同成长

——游戏观察中的感悟

山东省邹平市实验幼儿园　刘红梅

在安吉指导教师的引领下，我将安吉游戏的理念和精神应用于自己的工作中，踏实开展幼儿自主游戏。在观察游戏的过程中，当勇于放手的时候，发现了不一样的儿童，从而改变了我的教育观和游戏观，在实践中努力从相信儿童向理解儿童转变。

一、放下预期，学着真放手

20多年的从教经历，习惯了对孩子无微不至的关心，总以为为他们想得越多越好。挖空心思地设计活动，希望他们获得更多的进步。其实不然，在这个过程中，我们的控制欲也在不断增长。《3—6岁儿童学习与发展指南》中指出：要尊重幼儿的个体差异，支持和引导他们从原有的水平向更高水平发展，按照自身的速度和方式发展。在自主游戏中，每个孩子都能和材料有效互动，找到适合自己的玩法，在体验游戏的快乐中获得多方位的发展。即使认识到这一点，要真正做到"放手"也是不容易的，在观察游戏时，还是会不自觉地把自己的预期加在他们身上。

作为表演区，小舞台深受孩子们的喜爱，唱歌、跳舞、舞龙灯、讲故事，他们在这里尽情展现，场面很热闹。在一周的观察中，教师发现舞台特别混乱，上台下台也不讲秩序，于是在小结点评时引导孩子们制定规则，精选小主持负责组织活动、维持秩序。看似没什么问题，结果没过两天来玩"小舞台"

的孩子越来越少，用孩子的话来说："小舞台'倒闭'了！"反复琢磨，我想到了以下几点：一是表演区的游戏要自由，孩子有表演的自由，有做观众的自由，有管理游戏的自由，当这种自由受到限制的时候，"自主"变成了"控制"，就会导致孩子失去兴趣，影响游戏的进展。二是游戏反映了孩子的生活经验水平，教师不要有任何预期。表演区孩子们的表现，是他们当前在表演、社会性发展等方面真实水平的再现，孩子有自己的玩法。作为教师，我们不能用成人想要他们玩成的样子去评价他们的游戏，从而主导游戏的进程。三是教师要审慎介入幼儿游戏。在没有出现放弃游戏、破坏行为、解决不了的纠纷、幼儿求助等行为之前，尽量不要介入。幼儿在前，教师在后，退后也是一种支持。

只有放手，才能发现。在自主游戏实践中，教师要克制再克制，改变传统的观念，排空自己，精心观察，如此才能真放手，才会发现不一样的儿童。

二、理解儿童，靠向儿童立场

人民教育家陶行知先生说过："我们必得会变成小孩子，才配做小孩子的先生。"在对孩子实施教育的过程中，是凭经验施教，还是针对孩子的需要有目的地施教呢？显然，后者是有价值的，做个懂孩子的人，才能做好孩子的老师。

初为人师时的一件事，让我至今难忘。那时刚刚下过雨，马林和几个小伙伴在幼儿园的墙上玩起了泥巴，他们拿树枝当刷子，把墙刷成了大花脸，还弄脏了衣服。我很生气，批评了他们。静下心来，我问马林，为什么老师不让做的事情偏要去做。他说："因为你不让我做的事情都很好玩！"当时，我的心里很不平静。现在想来，那时真的不懂孩子啊！从2019年起，我们开始研究自主游戏，这是个多么好的案例，孩子们以物代物，模仿工人刷油漆，在玩的过程中，与自然材料互动，不仅获得了愉快的体验，也了解了泥巴中水与泥的比例关系——怎么调泥巴的浓度能刷到墙上？什么样的小木棍做刷子更好用？我要在墙的哪里刷……由于那时的无知，没有及时支持孩子的游戏，错过了难得的教育机会。

我想，一名合格的教师，首先要是个懂孩子的人，然后才能理解孩子，支持孩子的发展。怎样才能更懂孩子呢？《3—6岁儿童学习与发展指南》就如一把智慧的钥匙，能打开通往孩子内心世界的大门。其中五大领域各年龄段的目标描述，是我们了解孩子发展水平的依据，把这些目标牢记在心，就能在观察时通过对比准确地判断孩子的发展优势和不足。在这个基础上，有目的地设计活动、提供材料，才能有效地支持孩子的发展。

懂孩子，让我在观察孩子的表现时，能站在孩子的立场去分析思考，调整活动，满足需求，精准施教。

三、学会观察，提升专业素养

观察能力是我们教师必备的基本功，观指看、听等感知行为，察指分析思考，工作中既要观又要察，观是基础。学会观察也是一个循序渐进的过程，观察同一个游戏，每个人的发现不尽相同，有的能看到孩子之间的个体差异，有的能看到孩子在各领域的发展，有的会有更深层次的发现。在反复的学习、研讨、实践中，每个人的观察能力都会得到提升，如在观察的角度、观察的方法、观察的深度等方面的经验会更丰富。

滚筒是孩子比较喜欢的一种游戏材料，给我们的第一印象是能站在滚筒上才是最高级的玩法。我们总认为多数孩子不能站在滚筒上行走，滚筒区的游戏水平不高，直到2019年10月，才发现自己的观察太狭隘了。2019年10月，安吉的教师来园指导，大班的几个孩子把滚筒立起来（1米），爬进去、爬出来，有的孩子单靠臂力就能轻松进出，有的孩子能爬进去却出不来。于是其中一个孩子开始想办法，他搬来梯子放进滚筒内，踩着梯子顺利爬……游戏持续了半个小时，孩子们依然在探索滚筒与梯子的配合玩法。在教师的讲解下，我们看到了孩子在运动能力方面的差异；孩子在遇到问题时不放弃，想办法解决问题的能力；选择适宜材料、组合材料的能力；同伴之间的合作能力；游戏中的创造力……即使能力不一样，但是每个孩子都能在自己原有的水平上获得发展。游戏中，孩子们在学习、在进步，我们看到了吗？能看到吗？因此，观察的过程也是教师专业素养提升的过程。

要在游戏中发现不一样的儿童，就要不断地锤炼自己的观察基本功，要看到、想到、改变、相信孩子，继而才会勇敢放手，成就儿童。这是一个教学相长、双向发展的过程。